Johann Baptist und Dominikus Zimmermann

kleine bayerische biografien

herausgegeben von
Thomas Götz

CHRISTINE RIEDL-VALDER

Johann Baptist und Dominikus Zimmermann

Virtuose Raumschöpfer des Rokoko

Verlag Friedrich Pustet
Regensburg

Biografien machen Vergangenheit lebendig: Keine andere literarische Gattung verbindet so anschaulich den Menschen mit seiner Zeit, das Besondere mit dem Allgemeinen, das Bedingte mit dem Bedingendem. So ist Lesen Lernen und Vergnügen zugleich.

Dafür sind gut 100 Seiten genug – also ein Wochenende, eine längere Bahnfahrt, zwei Nachmittage im Café. Wobei klein nicht leichtgewichtig heißt: Die Autoren sind Fachleute, die wissenschaftlich Fundiertes auch für den verständlich machen, der zwar allgemein interessiert, aber nicht speziell vorgebildet ist.

Bayern ist von nahezu einzigartiger Vielfalt: Seinen großen Geschichtslandschaften Altbayern, Franken und Schwaben eignen unverwechselbares Profil und historische Tiefenschärfe. Sie prägten ihre Menschen – und wurden geprägt durch die Männer und Frauen, um die es hier geht: Herrscher und Gelehrte, Politiker und Künstler, Geistliche und Unternehmer – und andere mehr.

Das wollen die KLEINEN BAYERISCHEN BIOGRAFIEN: Bekannte Personen neu beleuchten, die unbekannten (wieder) entdecken – und alle zur Diskussion um eine zeitgemäße regionale Identität im Jahrhundert fortschreitender Globalisierung stellen. Eine Aufgabe mit Zukunft.

DR. THOMAS GÖTZ, Herausgeber der Buchreihe, geboren 1965, lehrt Neuere und Neueste Geschichte an der Universität Regensburg. Veröffentlichungen zu Stadt und Bürgertum in der Neuzeit.

Inhalt

Vorwort

Die Raumschöpfungen der Brüder Zimmermann, die vor rund 300 Jahren entstanden, faszinieren in ihrer Beschwingtheit und Eleganz heute noch den Betrachter. Vor den Augen der Besucher in der Münchner Residenz, den Schlössern Nymphenburg und Amalienburg und den Kirchen in Günzburg, Weyarn oder Andechs entfaltet sich der ganze Reichtum des süddeutschen Rokoko. Wenn die beiden zusammenarbeiteten, bildeten Gebäude und Stuck des Dominikus zusammen mit der Malerei des Johann Baptist eine unverwechselbare Einheit, in der das eine das andere ergänzte und die Grenzen zwischen Ornament, Bild und Architektur aufgehoben wurden. So schufen sie absolute Meisterwerke ihrer Zeit. Auf diese Weise entstanden Steinhausen – »die schönste Dorfkirche der Welt« – und die Wies, das krönende Alterswerk der beiden über 60 und über 70 Jahre alten Brüder, in der das Ornament die Hauptrolle übernimmt. Welche Energie muss die beiden Männer angetrieben haben, dass sie noch als Senioren ein solch heiteres und prächtiges Gesamtkunstwerk in die Welt setzen konnten!

Obwohl über beide Künstler bislang rund 200 Publikationen erschienen sind, die sich einzelnen Aspekten ihres Schaffens oder ihnen gemeinsam widmen, gibt es bis heute keine handliche, kompakte Darstellung ihres Lebens und Werkes. Mit dem vorliegenden Band wird diese Lücke geschlossen. Er begibt sich auf Spurensuche nach dem »Dreamteam« Zimmermann, behandelt Karriere und Einzelleistungen des Maler-Stuckateurs Johann Baptist sowie des Baumeister-Stuckateurs Dominikus und würdigt die Qualität ihrer Zusammenarbeit.

Der Ausführlichkeit sind durch das Konzept der *kleinen bayerischen biografien* natürlich Grenzen gesetzt. Daher können hier nur die Schwerpunkte ihrer Entwicklung und die Höhepunkte ihres Schaffens behandelt werden. Die Verfasserin fühlt sich dabei den umfangreichen Forschungen von Hugo Schnell, Christina Thon, Hermann und Anna Bauer, Bernhard Rupprecht, Uta Schedler, Silvia Hahn, Sixtus Lampl, Lothar Altmann, Georg Paula und vielen anderen dankbar verpflichtet. Gemäß den Richtlinien der Reihe musste auf Einzelnachweise verzichtet werden.

Da beide Künstler, im Gegensatz zu den Brüdern Asam und anderen bedeutenden Persönlichkeiten des 18. Jhs., keinen Wert darauf legten, sich in repräsentativen (Selbst-)Porträts zu verewigen, zeigt der Buchumschlag Ansichten ihrer bekanntesten Werke in Steinhausen (Oberschwaben) und in Wies bei Steingaden (Lkr. Weilheim-Schongau).

Einen wesentlichen Bestandteil dieser Monografie bilden die Fotografien, mit denen der Erfindungsreichtum des genialen Brüderpaares exemplarisch dokumentiert wird. Der Verlag war dabei in der glücklichen Lage, auf die qualitätsvollen Aufnahmen des leider früh verstorbenen Fotokünstlers Wolf-Christian von der Mülbe zurückgreifen zu dürfen, der die Hauptwerke der Brüder Zimmermann aus neuen Blickwinkeln vor Augen führt. Daher gebührt an dieser Stelle ein großer Dank dessen Witwe für die Bereitstellung dieser Fotos.

Ein herzlicher Dank gilt auch Verlagsleiter Fritz Pustet, Reihenherausgeber Thomas Götz und insbesondere der Lektorin Christiane Abspacher für die gute Zusammenarbeit.

1 Kindheit und Jugend im Pfaffenwinkel

»GEBIRDIG VON WESOBRUN«

Johann Baptist und Dominikus Zimmermann wurden in ein Umfeld hineingeboren, das ideale Voraussetzungen für eine Künstlerkarriere bot. Zwischen Lech und Loisach in Oberbayern liegt der »angulus monachorum« – die »Ecke der Mönche« –, volkstümlich schon im 18. Jh. als »Pfaffenwinkel« bezeichnet. Diese Region, eine hügelige Voralpenlandschaft mit Wäldern, Wiesen, Flüssen, Seen und Mooren, brachte schon seit der Karolingerzeit höchste kulturelle Leistungen hervor und verfügte über eine Dichte an Klöstern und Wallfahrtskirchen, wie man sie kaum anderswo in Deutschland findet: Andechs, Benediktbeuern, Bernried, Beuerberg, Dießen, Ettal, Habach, Hohenpeißenberg, Polling, Rottenbuch, Schlehdorf, Steingaden, Vilgertshofen, Wessobrunn ... Hier trifft man noch heute überall auf die Spuren der Gebrüder Zimmermann und ihres Umkreises. Auch der Höhepunkt ihres gemeinsamen künstlerischen Schaffens, die Wieskirche, steht in ihrer einstigen Heimat.

Ein bedeutendes Zentrum dieser gelehrten und geistlichen Welt des Pfaffenwinkels war die uralte Benediktinerabtei Wessobrunn. Wie in ganz Bayern bestand hier nach den Zerstörungen des Dreißigjährigen Krieges und den anschließenden Jahrzehnten des Verfalls ein dringender Bedarf an Baufachleuten. Abt Leonhard Weiß, der um 1680 die Erneuerung der Anlage in Angriff nahm, zog für die Arbeiten klostereigene Untertanen mit heran. Zur Wessobrunner Hofmark gehörten die nahegelegenen Dörfer Gaispoint und Haid, die damals aus wenigen Dutzend kleiner Holzhäuser bestanden. Unter den Bewohnern dieser sogenannten Sölden befanden sich viele Maurer. Sie wurden in den Werkstätten des Klosters zunächst für den eigenen Bedarf zu versierten Facharbeitern ausgebildet, bevor viele von ihnen sich dann aufgrund der steigenden Nachfrage als Stuckateure spezialisierten. Das Stuckhandwerk hatte im letzten Drittel des 17. Jhs. goldenen Boden, denn zahlreiche Gebäude, die noch aus der Spätgotik stammten, sollten nun im Barockstil modernisiert werden. So kam es, dass um die Wende zum 18. Jh. zahlreiche Familien in diesem Metier arbeiteten und in den folgenden Jahrzehnten auch auf Baustellen in ganz Süddeutschland und den angrenzenden Gebieten ihren Unterhalt verdienten.

DIE FAMILIE ZIMMERMANN: IM HANDWERKERMILIEU VERANKERT

Elias Zimmermann (1656–um 1695), der Vater der berühmten Brüder, wuchs in einem der Holzhäuser in Gaispoint auf. Ähnlich wie Wessobrunn war Gaispoint ursprünglich ein Flurname, der in diesem Fall auf eine eingezäunte Ziegenweide (mhd. »geiz« = »Ziege«, »biunde« = »Gehege«) verwies. Das Dorf und auch den Nachbarort Haid sucht man heute jedoch vergeblich auf der Landkarte. Beide Gemeinden erhielten 1853 die amtliche Erlaubnis, den Namen Wessobrunn anzunehmen. Elias war ein Sohn des Bäckers Jakob Zimmermann und dessen Frau Johanna, geb. Huber. Da sein älterer Bruder Augustin als Erstgeborener für die Weiterführung des elterlichen Betriebes bestimmt war, durfte er eine andere Ausbildung wählen und entschied sich für das florierende Baugewerbe. Nach der Lehre verdiente er sich seinen Unterhalt als Maurer, Gipsmeister und Zimmerer.

1679 heiratete er im Alter von 23 Jahren Justina Rohrmoser aus dem 20 km entfernten Dorf Raisting. Dem Paar wurde als erster Sohn Johann Baptist geboren, der am 3. Januar 1680 getauft wurde. Zwei Jahre später erwarb die Familie von Benedikt Walser, dem Mitglied einer Stuckateurenfamilie, um 60 Gulden (fl.) das Anwesen Haus-Nr. 26 in Gaispoint. Es handelte sich um eine Sölde, also ein Holzhaus mit etwas Grundbesitz, auf der man einen Garten, ein paar Obstbäume und Wiesen bewirtschaften und eine Kuh halten konnte. Das Gebäude trug später den Hausnamen »beim Lies« (von »Elias«; das Grundstück, auf dem ein Nachfolgebau steht, hat heute die Adresse Zimmermannstr. 4). Im gleichen Jahr kam die Tochter Maria zur Welt, drei Jahre später, 1685, wurde Dominikus geboren. Der Wessobrunner Pfarrer trug damals ins Taufbuch fälschlich das Datum des 31. Juni ein, so dass man bis heute nicht weiß, ob es sich um den 30. Juni oder den 1. Juli handelte. Dominikus' Taufpate Thomas Zöpf stammte aus der Verwandtschaft seiner späteren Gattin.

Weitere Geschwister des berühmten Brüderpaares waren Georg (* 1693), der noch als Kleinkind verstarb, Severina (1687–1764), die 1710 den Stuckateur Dominikus Gebhardt heiratete, und Maria Catharina (* 1694), die 1717 mit ihrem Mann, ebenfalls einem Stuckateur, später das Elternhaus übernehmen sollte.

Elias Zimmermann war nachweislich 1688/89 im Pfarrhof Ottobeuren und dessen Priorat Eldern tätig. Er erhielt 1692 als »Gipsmeister« für Stuckarbeiten im Nebengebäude von Schloss Türkheim, das im Besitz Herzog Maximilian Philipps von Bayern war, eine Zahlung. Ein Jahr später arbeitete er zusammen mit Kollegen für den Freiherrn von Westernach im Ostflügel des Schlosses Kronburg bei Memmingen. Von diesen Werken hat sich leider nichts erhalten.

Sein Beruf brachte es mit sich, dass er die Familie oft Anfang des Frühjahrs verlassen musste, um auf fernen Baustellen sein Geld zu verdienen. Erst im Spätherbst, wenn das Wetter nicht mehr mitspielte, kehrte er zurück. In der Winterzeit leistete er dann daheim in seiner Werkstatt Vorarbeiten für die nächste Saison, indem er z. B. mit Hilfe von Modeln Stuckornamentteile auf Vorrat goss, die dann beim nächsten Auftrag als Wand- und Deckenschmuck ihre Verwendung fanden. Die Sorge um die Kinder und die kleine Landwirtschaft blieben indes Aufgabe der Frau. Die Kinder besuchten bis zum Alter von etwa zwölf Jahren den Unterricht im Lesen, Schreiben und Rechnen beim örtlichen Schulmeister und in der Religionslehre beim Pfarrvikar. Danach wurden sie ins Arbeitsleben mit eingebunden und traten ihre jeweils gewählte Ausbildung an.

**Stuckmörtel, ein ideales Material
für Dekorationen**

Als Stuck (ital. »stucco« = Gipsputz, Stuckarbeit) bezeichnet man die plastische Dekoration aus Mörteln aller Art an Fassaden (z. B. Gesimse) und verputzten Wänden, Gewölben und Decken in Innenräumen. Die
Technik zur Herstellung war schon in der Antike bekannt. Anfang des 15. Jhs. hat man das Material in den
Ruinen römischer Paläste wiederentdeckt, und so kam
Stuck in der italienischen Hochrenaissance wieder in
Mode (z. B. bei Raffaels Loggien im Vatikan, ab 1514).
Nördlich der Alpen fanden Stuckreliefs erstmals ab 1536
beim Bau der Landshuter Residenz Verwendung. Damals schufen zunächst italienische Stuckateure hoch-
wertiges Stuckdekor in Bayern, bevor sie durch einhei-
mische Meister abgelöst wurden. Eine Hochblüte erlebte
dieses Handwerk im Barock und Rokoko (um 1575–um
1770), für deren schwungvolle, kurvige und verspielte
Dekorationsformen diese Technik besonders gut geeig-
net war.

Der dafür benötigte Stuckmörtel ist ein Gemisch aus
Sand, Kalk und/oder Gips, dem Wasser zugegeben wird.
Er lässt sich in feuchtem Zustand leicht formen und ist
nach dem Austrocknen sehr hart. Der frische Stuck wird
mittels Schablonen, Spachteln oder mit den Händen
modelliert oder in Einzelteilen in Formen gegossen, zusammengesetzt und mit Mörtel, eventuell zusätzlich
mit Schrauben, Nägeln und Dübeln, an Wand oder
Decke befestigt. Zur Verstärkung dienen beigegebenes
Stroh, Tierhaare, Holzkohle (von J. B. Zimmermann be-
nutzt) und Drahtgerüste. Je nach Bedarf variieren die
Bestandteile des Materials. Für Flachreliefs im Innern
benötigt man lediglich Gips, der mit (Leim-)Wasser an-
gerührt wird; für dickere Schichten und voluminöse
plastische Formen setzt man Kalk und Sand zu. Bei Außenwänden wird Kalkstuck verwendet, da Gips nicht
wetterfest ist.

Da sich der Stuckmörtel nur in nassem Zustand in Form bringen lässt, brauchte v. a. der Handwerker, der direkt an Ort und Stelle modellierte, wie es bei den Besten im 18. Jh. üblich war, ein sicheres Formgefühl und großes handwerkliches Geschick. Um sorgfältig arbeiten zu können, musste er die Masse möglichst lange geschmeidig halten und die Aushärtezeit verlängern. Im 18. Jh. verwendete man dazu Leimwasser, Milch, Zucker und Pulver aus Eibischwurzeln, aber auch Bier und Wein. Während der dreijährigen Bauzeit der Kirche von Einsiedeln (1724–26) wurden für diesen Zweck allein 57 Eimer Wein verbraucht!

TOD DES VATERS UND WEITERFÜHRUNG DES BETRIEBS

Elias Zimmermann starb bereits im Alter von knapp 40 Jahren. Als Vormünder der Kinder wurden der Onkel Augustin Zimmermann und der Klosterverwalter Jonas Schmidt eingesetzt. Die Witwe Justina ging bald eine zweite Ehe ein, da sie die wirtschaftliche Grundlage der Familie sichern musste: Sie heiratete am 28. April 1696 den Stuckateur Christoph Schäffler aus Haid. Aus dieser Ehe entstammte eine Tochter, die am 14. April 1697 getaufte Anna Maria. Schäffler übernahm die Werkstatt von Elias Zimmermann. Den Quellen zufolge war der 26-Jährige ein »erbarer iunger gesöll« und brachte 20 fl. Heiratsgut mit ein. Ein Erbvertrag regelte 1696, dass der elfjährige Dominikus eine Ausbildung »bey einem handtwerckh zu welchem er lust haben wird« bezahlt bekommen und jeder Sohn 15 fl., jede Tochter 25 fl. aus dem Nachlass erhalten solle. Johann Baptist stand mit 16 Jahren wohl gerade am Abschluss seiner Lehre oder befand sich schon auf Wanderschaft. Einige Jahre später sollte er bereits mit seinem Stiefvater in Ottobeuren und Amberg zusammenarbeiten.

Die Tochter Maria Catharina vermählte sich im Januar 1717 mit dem Stuckateur Johann Georg Vogl und wohnte mit ihm nach dem Tod der Mutter, die am 20. Oktober desselben Jahres starb, im Elternhaus. Aus dieser Zeit liegt auch eine Beschreibung des Familiensitzes der Zimmermanns vor. Danach umfasste er »... aine sölden behausung und 1 Tagwerk garten 4 tagwerk wismat (Wiese) hinter Kreuzberg«.

Schon diese wenigen Angaben aus der Familiengeschichte zeigen, wie eng das berufliche und verwandtschaftliche Beziehungsgeflecht miteinander verwoben war. Dieses dichte Gefüge im sozialen und professionellen Bereich war die Grundlage für eine enge Kooperation der Handwerker und Künstler in Wessobrunn. Für die beiden Brüder bedeutete es später einen großen Vorteil, dass sie bei ihren Aufträgen auf dieses Netzwerk zurückgreifen und sich ihre Bautrupps aus diesem »Pool« an Fachleuten nach Belieben zusammenstellen konnten.

Die Wessobrunner Schule

Im Umfeld des Wessobrunner Klosters entwickelte sich im 17. Jh. das damals größte und bedeutendste Stuckateurzentrum Europas. Die oberbayerischen Handwerker übernahmen die modernen Dekorationsformen der Italiener, die seit den 1660er-Jahren unter Kurfürst Ferdinand Maria am Münchner Hof arbeiteten, und passten sie den regionalen Bedürfnissen an. In der Folgezeit waren ihre Bauarbeiterverbände so erfolgreich, dass sie die italienische Konkurrenz verdrängten und die weitere Entwicklung des Stuckornaments maßgeblich beeinflussten. Im 18. Jh. erstreckte sich der Aktivitätsradius der Wessobrunner »Compagnien«, in denen Stuckateure, Steinmetze, Bildhauer, Maler und Baumeister eng zusammenarbeiteten, bis nach Frankreich, Polen, Ungarn und Russland. Rund 600 Künstler sind mittlerweile als Mitglieder der sogenannten »Wessobrunner Schule« dokumentiert. Dieser Begriff wurde jedoch erst 1888 durch die Kunsthistoriker Gustav von Bezold und Georg Hager eingeführt; eigentlich handelte es sich um einen losen Verband von Kunsthandwerkern, die in keiner Zunft organisiert waren. Als Begründer gelten die Baumeister und Stuckateure Caspar Feichtmayr (1639–um

1704) und Johann Schmuzer (1642–1701), deren Familien über mehrere Generationen sehr erfolgreich tätig waren. Zu den wichtigsten Vertretern der »Wessobrunner Schule« rechnet man heute neben den Brüdern Zimmermann die Künstlerfamilien Gigl, Merck, Rauch und Schaidauf sowie Ignaz Finsterwalder, Johann Georg Üblhör und Thassilo Zöpf. Um 1770 kam man in Bayern im Zuge des einsetzenden Klassizismus vom plastischen Stuck ab. Damit wurde den Wessobrunnern die Existenzgrundlage entzogen.

2 Johann Baptist – Der »höfische« Zimmermann

ERSTE EIGENE WERKE

Johann Baptist hatte noch die Möglichkeit, sich bei seinem Vater Grundkenntnisse im Stuckhandwerk anzueigenen. Als dieser starb, stand der 16-Jährige wohl gerade in der Endphase seiner Lehre, die er entweder in Wessobrunn oder bei einem auswärtigen Meister absolvierte. Vielleicht befand er sich auch bereits auf Wanderschaft. Im 1696 geschlossenen Erbvertrag seiner Mutter Justina mit deren zweitem Mann Christoph Schäffler wurde seine Ausbildung im Gegensatz zu der seines Bruders nicht erwähnt. Dies deutet darauf hin, dass er zu diesem Zeitpunkt bereits weitgehend selbständig war.

Über seine Gesellenjahre gibt es keine gesicherten Nachrichten. Naheliegend ist die Annahme, dass er wenigstens zeitweise der weitverzweigten und im letzten Viertel des 17. Jhs. führenden Werkstatt des Wessobrunner Klosterbaumeisters Johann Schmuzer angehörte. Im Unterschied zu den Wessobrunnern entwickelte er jedoch eine Vorliebe für figürliche Stuckplastik, die er schon in seinem Frühwerk souverän beherrschte. Die Grundlagen dafür könnte er sich durch anatomische Studien nach Modellen, wie sie z. B. an der Augsburger Akademie üblich waren, angeeignet haben. Dieser Aspekt verweist auch auf italienische Einflüsse, weshalb man vermutet, dass er sich als Geselle einer der italienischen Stuckateurgruppen angeschlossen hat, die in Süddeutschland und Österreich tätig waren, z. B. der Werkstatt von Diego Francesco Carlone.

1701 gibt es die erste Nachricht über einen eigenen Auftrag. Es handelte sich um die Modernisierung des gotischen Chors der Pfarrkirche Mariä Empfängnis in Gosseltshausen bei Wolnzach. Die Ausgaben für 8 Pfund Leim im Zusammenhang mit den Arbeiten lassen vermuten, dass er dabei gegossene Stuckteile verwendete, da man den Leim zur Formenherstellung brauchte. In die vier kleinen Bildfelder sollte er »die Kirchenlehrer darein mallen«. Für diese Darstellungen erhielt er laut Kirchenrechnungen ein Honorar von 57 Gulden (fl.) und 30 Kreuzern (kr.). Für das Hauptfresko »Christi Himmelfahrt« bekam jedoch Johann Feill aus Geisenfeld den Zuschlag. Diese ersten gesicherten Arbeiten verbrannten bereits 1702 im Spanischen Erbfolgekrieg.

Einige Zeit später fand Johann Baptist dann in Johann Joseph Max Veit Graf von Maxlrain, dem letzten Besitzer des reichsunmittelbaren Territoriums Hochwaldeck, einen langjährigen Auftraggeber. Dessen Herrschaftsgebiet erstreckte sich von Miesbach über den Schliersee bis an die Grenze zu Tirol. In dieser gesicherten Position konnte der Künstler nun am 28. März 1705 in der Pfarrkirche von Tuntenhausen seine Hochzeit mit der Kammerzofe Elisabeth Ostermayr (um 1685–1756) feiern. Seine Frau stammte aus Riedenburg im Altmühltal und stand im Dienst der Gräfin von Maxlrain in Schloss Hohenwaldeck. Offenbar handelte es sich um eine Verbindung, die ohne den Segen der Verwandtschaft erfolgte, denn als Trauzeugen fungierten lediglich der Bader und der Korbflechter von Maxlrain sowie der Klosterfischer von Beyharting. In den Ehematrikeln wurde der 25-jährige Bräutigam als »Joannes Zimerman artis pictoriae et crustatoriae«, also als Maler und Grottierer, vermerkt. Letztere Berufsbezeichnung verweist auf die Anfertigung von Inkrustationen an Gebäudefassaden und Grotten sowie Stuckmarmor-Intarsien, eine Technik, die auch sein Bruder Dominikus sehr gut beherrschte.

HOFKÜNSTLER IN MIESBACH (1707–15)

Nachdem der in Miesbach ansässige Stuckateur Johann Georg Lichtenfurtner nach Freising umgezogen war, konnte sich das Paar im Hauptort der Grafschaft niederlassen. Anfang Oktober 1707 kam hier der älteste Sohn zur Welt. Alle fünf Kinder der Familie wurden in Miesbach geboren und getauft: Johann Joseph (1707–43), Franz Michael (1709–84), Maria Franziska Elisabeth (*1711), Regina Brigitta (1713–vor 1715) und Maria Christina Rosina (1715–39). Bei den 1711 und 1713 geborenen Mädchen trat Gräfin Franziska von Maxlrain als Patin auf. Sie wurde von der Familie des Miesbacher Pflegers vertreten, die auch für die übrigen Kinder die Patenschaft übernahm. Die beiden Söhne traten später in die Werkstatt des Vaters ein, doch beiden war kein großes Glück beschieden: Johann Joseph starb bereits mit 36 Jahren; Franz Michael stürzte 1764 vom Baugerüst und blieb die letzten 20 Jahre seines Lebens gelähmt.

Johann Baptist war in den ersten Jahren seiner selbständigen Tätigkeit u. a. mit den Stuckierungen der Refektorien in der Benediktinerabtei Tegernsee und den Augustiner-Chorherrnstiften Weyarn und Beyharting (Lkr. Rosenheim) beschäftigt, von denen sich nichts erhalten hat. Er hatte in dieser Zeit schon einen Bautrupp aus Wessobrunner Handwerkern zur Verfügung, mit dem er während seines Aufenthalts in Miesbach auch außerhalb der Grafschaft arbeitete. Die beiden Aufträge im Markt Rettenbach und Buxheim, die ebenfalls in jene Zeit fielen, lagen zwei Reittage westlich von seinem Wohnort. Im Auftrag von Graf Fugger-Kirchberg-Weißenhorn schuf er in der Wallfahrtskirche Maria Schnee in Rettenbach ab 1707 den Stuck in Langhaus, Altarraum und Sakristei der Kirche sowie vier Bildfelder mit Mariensymbolen an der Chordecke. Es handelt sich um die frühesten Arbeiten, die sich von ihm bis heute erhalten haben. Der damals 27-Jährige erhielt dafür 190 fl. Honorar. 1709 kam er noch einmal vorbei, um die »etwas abgeschossen gewesten Gemähl«, die Johann Menradt aus Friedberg in seine Stuckrahmen gemalt hatte, auszubessern und neues Stuckdekor an der Empore anzufertigen. Dafür erhielt er weitere 12 fl.

Einige Charakteristika, die Johann Baptist in nachfolgenden Arbeiten beibehielt (vgl. z. B. Buxheim, Abb. S. 97), tauchen hier schon auf: So zeichnete er z. B. im Langhaus die Grate der Stichkappen mit Girlanden aus Blütengewinden nach und akzentuierte auf diese Weise die Architekturformen. Außerdem zeigen seine schweren Fruchtgehänge und Akanthusranken eine betonte Plastizität, die eher auf italienische Einflüsse verweist als auf die Wessobrunner, die seit der Wende zum 18. Jh. zu flächenhaften Ornamenten neigten. Engel und Putti als Träger der Bilderrahmen dagegen treten auch in den Werken Johann Schmuzers des Öfteren auf und sollten zu einem beliebten Motiv bei den Brüdern Zimmermann werden. Die girlanden- und rahmentragenden Putti und Engel setzte Johann Baptist oft dazu ein, von einem Ornament zum anderen überzuleiten. Sie bilden das verbindende Glied zwischen den unterschiedlichen Formen.

Da sein Gönner Graf Maxlrain hoch verschuldet war, versuchte Zimmermann schon bald, sein Amt an dessen Hof zu quittieren. Bereits 1710 bewarb er sich erfolgreich um das Bürgerrecht in Freising. Er bezeichnete sich bei dieser Gelegenheit als »Stockhatorer auf Marmorarth« und betonte damit seine Fähigkeiten im Marmorieren. Die Übersiedlung verzögerte sich jedoch, da er zuvor noch einige Verpflichtungen gegenüber seinem bankrotten Auftraggeber erfüllen musste. Es handelte sich um Arbeiten in der Pfarrkirche in Schliersee und im Schloss Maxlrain. Graf Johann starb 1734 finanziell völlig ruiniert ohne männliche Nachkommen. Seine Herrschaft Hohenwaldeck fiel danach an das Kurfürstentum Bayern.

DIE ANFÄNGE ALS MALER

Wie schon sechs Jahre zuvor in Gosseltshausen fertigte Johann Baptist auch in Rettenbach sowohl die Gipsornamente als auch die Fresken an. Diese berufliche Kombination kam damals selten vor – ein malender Stuckateur war eine Ausnahme. Sein Interesse am Figürlichen beweisen jedoch schon seine teils vollplastischen Engel, für deren Gestaltung Skizzen nötig waren. Eine gewisse Routine im Zeichnen darf man daher bei ihm voraussetzen, es gibt aber keine Hinweise auf eine einschlägige Ausbildung. Er könnte das fehlende Wissen autodidaktisch erlernt und seine Fähigkeiten im Laufe der immer anspruchsvolleren Aufgaben weiterentwickelt haben. Die Maltechnik mit Kalkfarben auf nassen Putz war ihm durch seine Ausbildung im Stuckhandwerk größtenteils vertraut. Bei den beiden frühen Aufträgen in Gosseltshausen und Rettenbach handelte es sich lediglich um kleinformatige Bilder und gängige Motive, für die man leicht Vorlagen finden konnte. Ein erstes von ihm signiertes Fresko, das die Jahreszahl 1710 trägt, befindet sich in der ehemaligen Bibliothek von Buxheim. Kurz darauf entstand bereits das umfang- und variationsreiche Bildprogramm in der dortigen Klosterkirche Maria Saal (1711/12), das in der Qualität den Fresken ausgebildeter Maler ebenbürtig ist.

Für einzelne figurale Motive und Kompositionsdetails holte er sich u. a. Anregungen von Hans Georg Asams Ausmalung der Klosterkirche von Tegernsee, die er bei seiner Arbeit im dortigen Refektorium gesehen hatte. Wie seine Kollegen verwendete er Skizzenbücher und Stichvorlagen und hielt Bildideen anderer Künstler in Zeichnungen fest, um sie bei Bedarf für die eigenen Werke auszuwerten. In seinen Chordeckenbildern in der Pfarrkirche St. Sixtus in Schliersee aus dem Jahr 1714 fällt die unpathetische Grundstimmung seiner Malereien auf, die man auch noch in den großen Deckenfresken der Spätzeit entdecken kann. Diese Szenen aus dem Leben des Kirchenpatrons, des hl. Papstes Sixtus, finden im Vordergrund einer nur in leichter Untersicht gezeichneten Rampe und eines Erdstreifens statt. Der Künstler hat keine Ambitionen, den Bildraum durch illusionistische Mittel auszuweiten. Es treten weder auffällige Verkürzungen noch betonte Unteransichten auf. Hintergrundkulissen, Bäume, Architekturteile, Gegenstände und Figuren werden addiert und nicht in einer übergeordneten Kompositionsstruktur miteinander verbunden.

Diese flache Hintergrundfolie sollte in den nachfolgend geschaffenen Fresken verstärkt als Träger von Stimmungswerten dienen (vgl. Benediktbeuern, Abb. S. 38). Das Bild ist ohne jeden barocken Überschwang gestaltet: Dramatische Licht-Dunkel-Effekte fehlen; Farbgebung und Lichtführung sind ohne Kontraste; die Gesten bleiben eng an die Figuren gebunden. Zur Darstellung kommt hier der Mensch in einer sehr verinnerlichten Existenz, im Beten, Glauben, Hinweisen und Bekennen. Auffällig ist die Gewanddarstellung: Die Farbwerte erscheinen in Facetten unterschiedlicher Helligkeit; Falten und Kanten lassen Parallelen zur Reliefdarstellung des Stuckateurs erkennen.

Zimmermann war auch als Altarbildmaler aktiv. Ein erstes Ölgemälde ist für 1714 gesichert und entstand in Verbindung mit seinen Arbeiten in Schliersee. Es handelt sich um eine Darstellung des hl. Joseph, ein kleines Auszugsbild für den Marien-

Schliersee, Pfarrkirche St. Sixtus: Abschied der Heiligen Sixtus und Lauren-
tius; Martyrium des hl. Sixtus; Fresken im Altarraum von Johann Baptist
Zimmermann, 1714

altar in der Pfarrkirche. Erst 20 Jahre später ist ein weiteres Altarblatt, das Gemälde Mariä Himmelfahrt für den Hochaltar in der Zisterzienserinnen-Abteikirche Kloster Seligenthal bei Landshut, nachweisbar. Dafür wurde dem Meister bereits ein ansehnliches Honorar von 666 fl. bezahlt. Auch in diesem Bereich der Malerei agierte er ohne übergreifende Komposition, sondern beschränkte die Zuordnung auf einzelne Partien und Personengruppen. Der Hintergrund besitzt nur wenig Tiefendimension. Figuren, Gegenstände und Farben werden wie in den Fresken v. a. in ihrer ornamentalen Funktion verwendet. Die Gemälde stehen wie die späteren Fresken in einem übergreifenden Zusammenhang mit ihrer Umgebung. Ihre Farbigkeit etwa nimmt die Tönungen des übrigen Altars, des Stuckmarmors und der Vergoldung mit auf. Die dargestellten Persönlichkeiten besitzen kaum Individualität; ihre Gemütsbewegungen sind als Formeln für Andacht, Leid, Seligkeit oder Standhaftigkeit ausgedrückt.

Zahlenmäßig machen die Gemälde nur einen geringen Teil der künstlerischen Produktion Johann Baptists aus. Eine Reihe seiner Gemälde ist verschollen, zerstört oder wurde seinen Söhnen und Gehilfen zugeschrieben.

»HOCHFÜRSTLICHER STUCCATOR VND MAHLER ZU FREYSING« (1715–UM 1720)

1715 stellte Johann Baptist erneut einen Antrag auf Einbürgerung in die fürstbischöfliche Residenzstadt Freising. Auf dem dortigen Domberg hatte im Hinblick auf das anstehende 1000-Jahr-Jubiläum eine rege Bautätigkeit begonnen, die für den Künstler vielleicht ein Grund war, um sich hier niederzulassen. Seine Frau erschien vor dem Stadtmagistrat und gab den Umfang ihres Vermögens mit 700 fl. an. Der aus Wessobrunn zugezogene Bürger und Maurer Joseph Graf begleitete sie als Zeuge. Noch im gleichen Jahr zog die Familie um. Zimmermann war damals bereits ein vielbeschäftigter Meister. Fürstbischof Johann Franz Eckher von Kapfing erteilte ihm u. a. den Auftrag zur Ausgestaltung des Domkreuzgangs und anschließender Kapellen. Er schuf hier 1716 Deckenbilder mit

Freskomalerei

Die Freskomalerei (ital. »al fresco« =»ins Frische«) ist eine Technik der Wand- und Deckenmalerei, bei der die Farbe auf den frischen, feuchten Kalkputz aufgetragen wird. Beim Trocknen verbinden sich die Pigmente dauerhaft mit dem Putz. Es entsteht eine homogene Kalkputzschicht, die eng am Untergrund haftet. Gleichzeitig bildet sich eine dünne Schutzschicht, eine Sinterhaut, die das Fresko »versiegelt«. Damit erhält die Oberfläche einen seidigen Glanz und die Farbintensität der Pigmente kann für Jahrtausende erhalten bleiben. Im Gegensatz zur Freskomalerei wird die Seccomalerei trocken ausgeführt.

Die Herstellung eines Freskos war zeitintensiv und bedurfte sorgfältiger Planung, Vorbereitung und Umsetzung: Da das Bild auf einen formfesten, aber noch nicht durchgebundenen Putz gemalt wurde, musste dieser schichtweise aufgebaut werden. Auf die Wand oder Decke kam auf eine Unterkonstruktion aus Holzlatten zunächst gröberer Kalkputz, gefolgt von bis zu sieben dünner werdenden Schichten feineren Putzes mit zunehmend höherem Anteil an Kalk und Feinsand oder Steinmehl. Von der obersten Schicht durfte immer nur so viel Fläche vorbereitet werden, wie der Künstler in einem Arbeitsgang, seinem sogenannten »Tagwerk«, fertigstellen konnte. Korrekturen oder Übermalungen waren nach dem Durchbinden des Kalkputzes nur in Seccotechnik – bei der weit häufiger Restaurierungen anfallen – oder durch aufwendiges Abtragen und Neuaufbau der letzten Putzschicht möglich.

Jeder Freskant besaß einen Vorrat an Handzeichnungen mit einem Repertoire an Einzelfiguren und Gruppen. Vor dem Farbauftrag wurden die Umrisse auf einen Karton vorgezeichnet und auf die noch feuchte Wand übertragen – mittels Durchreiben der Kontur mit einem spitzen Griffel, über eine Rasterübertragung oder das Durchlöchern der Konturzeichnung mit einer Nadel bzw. einem Nadelrad und anschließendes Durchpausen mit einem Staubbeutel. Beim klassischen Vorgang wurde der Entwurf vollständig auf die vorletzte Putzschicht übertragen und die durchgepauste, gepunktete Kontur mit einer monochromen Vorzeichnung (»Sinopia«) nachgezogen. Der für den aktuellen Arbeitsgang vorgesehene Putz (»Intonaco«) wurde dann etwa 3 mm stark auf den »Sinopia«-tragenden Putz aufgebracht und darauf die endgültig sichtbar bleibende Malerei ausgeführt. Bei einer anderen Variante hat man zusätzlich zur Kontur auch Schattierungen und Flächenmalerei festgehalten. Dieser »Verdaccio« konnte als eigene Putzschicht zwischen »Sinopia« und »Intonaco« oder bereits in den »Intonaco« eingefügt werden. Der Putz des nächsten Tagwerks musste dann ganz vorsichtig bis an den bereits eingefärbten Putz des Vortages herangebracht werden, um das bestehende Werk nicht zu zerstören. Bei Streiflicht lassen sich jedoch die Stöße zwischen den einzelnen Tagwerken gut erkennen.

Diese Technik war schon in der Antike bekannt und beliebt. Gut erhaltene Beispiele finden sich in Pompeji und Herculaneum. Im Mittelalter hat man Fresco- und Secco-Technik nebeneinander verwendet. Ab der Renaissance bis Ende des 18. Jhs. wurde wieder bevorzugt »al fresco« gearbeitet. Berühmte Beispiele sind die Sixtinische Kapelle mit dem bekanntesten Freskenzyklus des Abendlandes von Michelangelo oder die »Stanzen« von Raffael im Vatikan. Das größte Fresko der Welt (677 m²) befindet sich im Treppenhaus der Würzburger Residenz. Der italienische Meister Giovanni Battista Tiepolo schuf es 1752/53 gemeinsam mit seinen beiden Söhnen. Ein Virtuose wie er brauchte nur für die Hauptfiguren Schablonen. Bei den anderen Partien orientierte er sich am Quadrierungsnetz auf dem Unterputz, in das er mit Hilfe einer quadrierten Vorzeichnung die Figuren übertrug. So war es ihm möglich, noch in der letzten Arbeitsphase spontanen Einfällen Spielraum zu lassen.

Putti, die Wappen der Domherren aus der Erbauungszeit des Kreuzgangs im 15. Jh. präsentieren, eingebettet in locker verteilten, eleganten Stuck, der sich aus stilisierten Akanthuszweigen, Laub- und Bandwerk zusammensetzt. Im Jahr darauf stattete er auch im Sommerschloss des Fürstbischofs in Ismaning die dortige Kapelle sowie mehrere Zimmer mit Stuck und Fresken aus (im 19. Jh. durch Umbau zerstört). Beides waren wichtige Aufträge, die ihm Ansehen verschafften, weshalb er auch in einem Vertrag mit dem Kloster Ottobeuren 1717 als »Hochfürstlicher Stuccator vnd Mahler zu Freysing« tituliert wurde.

Abgesehen von diesen Arbeiten für den Fürstbischof und dem Zimmermann'schen Gemeinschaftsprojekt in Maria Medingen (s. S. 79) war er während seiner Zeit in Freising hauptsächlich für das Kloster Ottobeuren tätig. Die damals im Entstehen begriffene imposante Klosteranlage wird heute treffend als »Schwäbischer Escorial« betitelt. Sie befindet sich nicht weit entfernt von der Kartause Buxheim, wo Johann Baptist schon ab 1709 mit seinem Bruder gearbeitet hatte. Reichsprälat Rupert II. Neß (Amtszeit 1710–40) von Ottobeuren engagierte sich selbst sehr für die Modernisierung seiner Abtei. Nachdem er mit italienischen Stuckateuren schlechte Erfahrungen gemacht hatte, beauftragte er mit Vertrag vom 6. Februar 1714 den »diser orthen best bekhannten Kunstreichen H. Johann Zimermann Stuccator und Mahlern von maxelrain aus Bayrn« mit Arbeiten im neuen Kreuzgang und der Krankenkapelle. Da man offensichtlich mit dessen Leistungen zufrieden war, folgten noch weitere Kontrakte, die Zimmermann und seine Mitarbeiter bis ca. 1722 hier beschäftigten. Mit von der Partie waren sein ebenfalls im Schriftstück genannter »lieber Stieff-Vatter Christoph Schäffler« sowie »3 best erfahrne gesellen, nebst einem lehr-jung«. Das Kloster stellte dazu noch einen Handlanger.

Der Bautrupp und auch die Aufgabenstellung weiteten sich in der Folgezeit noch erheblich aus. Im Kontrakt vom 15. Februar 1715 ist schon die Rede von »20 gutten erfahrnen vnd tauglichen Stuccatorgesellen«, mit deren Hilfe die Gänge in zwei Geschossen des Konventbaus zu stuckieren waren, außerdem das Refektorium und der Bibliothekssaal, der auch noch mit Stuckmarmorsäulen verschönert wurde. Der zweite Vertrag erwähnt auch »12 freystehende statuen a 5 ½ schueh« (= ca. 1,60 m), die der Meister eigenhändig anfertigen sollte. Neben einem Honorar von 2.400 fl. wurden ihm und Schäffler als zusätzliche Annehmlichkeiten »tägliche cost am officiertisch, sambt gewohnlichen trunckh bier, vnd dan wochentlich 2 extraordinary Maaß Wein« versprochen.

Der 36-Jährige hatte sich mittlerweile ein beachtliches Können als Stuckplastiker angeeignet. Seine 1716 entstandenen Stuckreliefs in der Sommerabtei von Ottobeuren geben Aufschluss über den damaligen Stand seines Könnens. Die beiden Personifikationen der christlichen Tugenden »Caritas« (Liebe) mit Herz und »Devotio Christiana« (Hingabe an Gott) mit Fackel werden hier wie Gartenfiguren auf Postamenten in einer malerischen Landschaft vor hohen Bäumen präsentiert. Aus dem Reliefgrund heraus entwickelte er das atmosphärische Umfeld seiner Figuren. Ihre Gewänder zeigen vielfältige scharfkantige Stege, die nicht ins tiefe Dunkel, sondern in ein weniger helles, verschattet wirkendes Weiß brechen. Auffällig ist der stereotype Gesichtsausdruck, der an die Maskenmotive der Régencezeit erinnert. In dem verhaltenen Ausdruck der Figuren und der Stoffdarstellung bestehen Parallelen zu den frühen Fresken in Schliersee (Abb. S. 21). Gleichzeitig begegnet man hier einer Bildidee, die man in Zimmermanns Werk immer wieder antrifft: Gleichnishafte oder historische Themen werden in einer idyllischen Gartenlandschaft als zeitlos wirkende Szenen dargestellt (vgl. Weyarn, Andechs Abb. S. 54, 135).

Johann Baptist machte in Ottobeuren eine Bekanntschaft, die ihn prägen sollte. Es handelte sich um den Venezianer Jacopo Amigoni (1682–1752), der seit 1715 eine Anstellung als Hofmaler bei Kurfürst Maximilian II. in München hatte und 1719 mit seinem ersten Deckenbild im Kloster Ottobeuren beschäftigt war. Im Vorsaal zur Bibliothek malte er eine Darstellung des Herkules, der eine Seele auf dem Tugendpfad zur himmlischen Glückseligkeit begleitet. Während dieser Arbeit fielen ihm sicher Zimmermanns kunstvolle Stuckreliefs auf, die

Ottobeuren, Sommerabtei: Stuckreliefs der »Caritas« und der »Devotio Chris-tiana« und Stuckmarmorpilaster von Johann Baptist Zimmermann, um 1716

zu dieser Zeit bereits fertiggestellt waren. Amigoni vermittelte ihm entscheidende Impulse für seine weitere Freskomalerei, wie die späteren Werke ab Benediktbeuern zeigen. Vielleicht verdankte er ihm auch den Kontakt zum Münchner Hof und die Bekanntschaft mit dem Architekten Joseph Effner (1687–1745), der ihm die Chance geben sollte, seine Kunstfertigkeit bei einem Bauprojekt des Kurfürsten unter Beweis zu stellen.

DIE BEWÄHRUNGSPROBE: ARBEITEN IN
SCHLOSS SCHLEISSHEIM (1720–26)

Johann Baptist schloss 1720 mit Effner einen Kontrakt über die Stuckarbeiten im Treppenhaus des Neuen Schlosses von Schleißheim ab. Dieser repräsentative Auftrag bedeutete für ihn die erste Berührung mit der Baukultur am kurfürstlichen Hof. Der 40-Jährige stand damit am Ausgangspunkt einer steilen Künstlerkarriere, die ihm für den Rest seines Lebens eine angesehene Position als Hofkünstler verschaffen und ihn zu einem beliebten Stuckateur des bayerischen Adels machen sollte.

Es ist nicht bekannt, wann die Familie in die Hauptstadt umzog. Künstler, die für den Kurfürsten tätig waren, erhielten manchmal Wohnung und Werkstatt in einem Anwesen, das zum Hofe gehörte. Seit 1724 jedoch verzeichnete das Steuerbuch der Stadt München Johann Baptist als Besitzer des Hauses Färbergasse 21. Er hatte es für 3.000 fl. erworben. Da ihm der Hofschutz gewährt wurde, durfte er ohne Zunftzugehörigkeit in der Stadt wohnen, musste keine steuerlichen Abgaben an den Magistrat leisten und war juristisch direkt dem Obristhofmeisteramt unterstellt. Hiergegen protestierten die ansässigen Berufskollegen, da er für sie eine große Konkurrenz bedeutete, erhielt er doch als Hofkünstler auch von der Stadt Aufträge, z. B. die Stuckierung der Stadtpfarrkirche St. Peter (1944/45 weitgehend zerstört).

Josef Effner wurde 1720 zum Oberhofbaumeister ernannt. Schon sein Vorgänger Enrico Zuccalli hatte das Neue Schloss in Schleißheim geplant und 1704 bis zum Rohbau vollendet. Aufgrund des Spanischen Erbfolgekrieg konnten die Arbeiten erst ab 1719 weitergeführt werden. Am 8. August 1720 unterschrieb Effner den Vertrag mit Zimmermann, der für seine Arbeiten ein Honorar von über 2.000 fl. zugesprochen bekam. Ursprünglich waren für die Ausstattung des dreiläufigen Treppenhauses teure Marmorverkleidungen und -statuen vorgesehen. Effner, der zuvor in Paris Gelegenheit gehabt hatte, die modernen Tendenzen höfischer Baukultur zu studieren, schlug stattdessen eine Ausführung in weißem Stuck mit ebenfalls weißen

Wänden vor. Dies verschaffte dem Bau nicht nur Aktualität, sondern auch eine große Zeit- und Kostenersparnis. Neben den neuen französischen Palais diente die barocke österreichische Kaiserkunst mit den Bauten Lukas von Hildebrandts, z. B. Räume im Unteren Belvedere in Wien (um 1716), als Vorbild.

Das Programm der Ausstattung wurde nach den Wünschen des Bauherrn, Kurfürst Max Emanuel, gestaltet. Dieser wollte nach seiner Rückkehr aus dem Exil hier seinen Kriegsruhm verewigt sehen; das Treppenhaus stand daher ganz im Zeichen des Triumphalgedankens. Effner legte die Dekoration in allen Details fest und verpflichtete den »Stockhothor Maister«, dieses Programm, das auch Bestandteil des Vertrages war, bis in alle Einzelheiten getreu den Anweisungen auszuführen. Zimmermann hatte die Aufgabe, im vorgegebenen architektonischen Wandgerüst, das aus Pilastern und Gebälk bestand, plastische Akzente vor die Wand zu setzen sowie Fenster, Türen und Bögen mit Figuralem und Ornamenten zu bekrönen. Über den seitlichen Wandöffnungen und dem Pilastergesims platzierte er Asiatenköpfe und Trophäen; in das Fries fügte er Putti mit Löwen, Waffen, Trophäen, Masken, Fratzengesichter, Gitter- und Streifenfelder, stilisierte Ranken und Bandwerk ein. Die Fenster wurden zum Teil mit geflügelten Greifen-, Widder-, Bocks- und Löwen-Mischwesen gerahmt. Zimmermann war von Effner wohl aufgrund seiner Fähigkeiten, die er als Relief- und Figuralplastiker schon in Ottobeuren unter Beweis gestellt hatte (vgl. Abb. S. 27), eingestellt worden. Die Figurengruppe, die er z. B. über dem Eingang zum Weißen Saal im Treppenhaus schuf (vgl. Abb. S. 32), ähnelt sehr seinen allegorischen Figuren aus dem Bibliothekssaal von Ottobeuren. Etwa gleichzeitig mit Johann Baptist arbeiteten Cosmas Damian Asam am Deckenfresko (»Venus in der Schmiede des Vulkan«, 1731) und Nikolaus Stuber an Malereien auf dem Musikantenumgang.

Von der geplanten Stuckdekoration des Treppenhauses wurde letztlich nur der obere Teil vollendet. Er war bis zur Hochzeit des Kurprinzen im Oktober 1722 von Zimmermann und seiner Werkstatt fertiggestellt worden. Der Rest blieb nach dem Tod

Hofarchitekt Josef Effner

Der 1687 geborene Dachauer Gärtnerssohn durfte auf Kosten des Münchner Hofes zum Studium nach Brüssel und Paris reisen, wo er seine Neigung für die Architektur entdeckte. Daher absolvierte er eine weitere Ausbildung an der Académie royale d'architecture bei dem berühmten französischen Architekten Germain Boffrand, der damals an der Ausstattung Pariser Stadtpaläste, wie dem Petit Luxembourg, dem Hôtel de Soubise u. a. arbeitete, und beteiligte sich schon am Umbau der Residenz des bayerischen Kurfürsten in Saint-Cloud bei Paris. Nach der Rückkehr Kurfürst Max Emanuels aus dem Exil 1715 wurde er ins Hofbauamt berufen und war zunächst noch gemeinsam mit Enrico Zuccalli für alle kurfürstlichen Bauten zuständig. Damals erfolgten die Umgestaltungen der Schlösser Dachau, Berg am Starnberger See, Lichtenberg am Lech, Fürstenried und der Ausbau von Park und Schloss Nymphenburg mit der Pagoden- und Badenburg. Durch Effner wurden seitdem die modernen französischen Tendenzen der Bau- und Raumgestaltung an den bayerischen Hof vermittelt. Der Kurfürst schickte ihn noch auf eine weitere Studienreise nach Italien, bevor er ihn 1720 zum Oberhofbaumeister ernannte und ihm die alleinige Leitung beim Weiterbau von Schloss Schleißheim übertrug. Ab diesem Zeitpunkt arbeitete er eng mit Johann Baptist Zimmermann zusammen. Erst nach dem Tod Max Emanuels 1726 musste er François Cuvilliés den Rang abtreten und war bis zu seinem Tod 1745 vorwiegend in der Verwaltung tätig. Sein Grabstein befindet sich im Chor der Münchner Frauenkirche. Der Effnerplatz in München und das Josef-Effner-Gymnasium in Dachau sind nach ihm benannt.

Max Emanuels 1726 Fragment. Sein Nachfolger Karl Albrecht sollte sich nur noch für die Bauvorhaben in Nymphenburg und die neue Ausstattung der Residenz interessieren.

Räumlich und stilistisch eng verbunden mit dem Treppenhaus ist der anschließende Weiße Saal, der auch den inhalt-

Schleißheim, Neues Schloss, Weißer Saal: Stuckdetail von Johann Baptist Zimmermann, 1722

lichen und formalen Mittelpunkt des Schlosses bildet. Zimmermann hat ihn wohl schon bald nach Fertigstellung seines ersten Auftrages in Angriff genommen. Auch dieser Raum war dem tapferen Kriegshelden gewidmet. Die Schmalseiten des Saales nehmen zwei große, bereits 1702 in Auftrag gegebene Schlachtenbilder von Franz Joachim Beich (1665–1748) ein, die die Siege über die Türken vor Wien und Mohács zeigen. Das bis 1722 von Amigoni geschaffene Deckenfresko verbildlicht den Triumph des Äneas über Turnus und die damit verbundene Wiederbegründung Trojas durch Rom, eine Episode aus Vergils Epos »Äneis«. In Anspielung auf das Schicksal Max Emanuels wurde damit dessen Hoffnung auf die Erneuerung der Wittelsbacher Herrschaft zum Ausdruck gebracht, denn »durch Tugend, Tapferkeit und Beharrlichkeit nehmen die Irrfahrten des Lebens und der Politik ein glückliches Ende« (Hermann Bauer). Bei den Motiven der Ausstuckierung handelte es sich daher um dieselben Gegenstände und Ornamente wie im Treppenhaus.

*Oberschleißheim, Neues Schloss: Blick vom Treppenhaus zum Weißen Saal;
Stuckierung von Johann Baptist Zimmermann, 1720/21*

Zusätzlich fertigte Zimmermann hier auch männliche und
weibliche Kopfkonsolen und von Putti gehaltene Draperien.
Letzteres stammte eigentlich aus dem Formenrepertoire des
Sakralraums. In dem Stuckdetail aus dem Weißen Saal
(s. Abb. S. 31) sieht man an den Kapitellen der seitlichen Rah-
menpilaster nach oben gerollte Bandwerk-»Ohren« – ein Motiv, das später in den Bauten von Bruder Dominikus häufig zur
Anwendung kommen sollte. Seitlich über dem Kopf der kunstvoll an die Wand modellierten Frauenbüste liegen auf den Gesimsen die Kriegsutensilien Helm, Schild, Keule, Pfeilköcher
und ein Lorbeerzweig, dessen Blätter frei vor die Wand stu-
kiert sind. Deren Oberflächengestaltung bewirkt ein ausge-
prägtes Licht- und Schattenspiel und verbindet sich bildhaft
mit der Wand, die zum Reliefgrund wird.

Im Winter 1724 hatte Zimmermann die beiden Vorzimmer
für die Appartements des Kurprinzenpaars in Arbeit. Während das nördlich gelegene 1764 umgestaltet wurde, blieb das
südliche Zimmer in seinem ursprünglichen Zustand bis heute
erhalten. Die Wandflächen zwischen den Tür- und Fensteröff-

nungen sind hier vollständig mit vorwiegend flach gehaltenen, elfenbeinfarbenen Stuckreliefs auf bläulichem und rosafarbenem Grund bedeckt. Das Ornament erhält nun eine gliedernde Funktion, wird zum architektonischen Mittel – eine Entwicklung, die in der Amalienburg ihren krönenden Abschluss finden sollte. Auch während der Arbeit im südlichen Vorzimmer kam es wohl zu einem Zusammentreffen mit Cosmas Damian Asam, der die Gurtbögen an der Decke mit Grisaillemalerei verzierte.

Die letzte Arbeit Zimmermanns in Schleißheim vor dem Tod des Kurfürsten und der Einstellung der Bauarbeiten war der prunkvollen Ausgestaltung zweier kleiner Kabinette, die für das Kurprinzenpaar vorgesehen waren, gewidmet. Im Blauen Kabinett spannte er über dem flachen, tiefblauen Muldengewölbe ein Netz aus vergoldetem Stuckornament. Die Dekoration hat hier nun keinerlei gliedernde Funktion, sondern soll Stimmungsträger sein und die Atmosphäre eines intimen Raumes vermitteln. Erstmals trifft man auf das Motiv der geschwungenen Balustrade, die vielfältige Funktionen übernehmen kann und in der Dekoration der Amalienburg eine wichtige Rolle erhalten wird. Die Schaukel und ihre Pfosten, die rankenumkränzt und sich verjüngend in einer Volute stecken, sowie der Springbrunnen sind Details, denen man sehr oft in Antoine Watteaus (1684–1721) Ornamentstichen begegnet.

Zimmermann hatte sich offensichtlich bei seiner Arbeit im Treppenhaus bewährt und durfte während seiner weiteren Beschäftigung im Weißen Saal, in den Vorzimmern und Kabinetten von Schleißheim seinen eigenen Formenschatz, wie z. B. Landschaftsreliefs und Medaillons, mit einbringen. Ein oft in seinen Werken anzutreffendes, beliebtes Motiv sind für ihn Putti, die nach Weintrauben greifen oder mit Weinranken spielen. Sehr viele Anregungen für die Ausgestaltung dieser Räume übernahm er jedoch aus den Bandwerk- und Grotesken-Stichvorlagen Jean Bérains (1640–1711), denn Zimmermann hatte in seinem neuen Umfeld nun ausgiebig Gelegenheit, die neuesten Ornamentvorlagen, v. a. die der französischen Régence, kennenzulernen. Dies führte zu einem spürbaren Wandel in

*Oberschleißheim, Neues Schloss: Decke im Blauen Kabinett (Ausschnitt);
vergoldete Stuckierung von Johann Baptist Zimmermann, um 1725/26*

seinem Motivrepertoire, der sich auch in seinen Aufträgen
außerhalb des Münchner Hofes auswirkte.

Mindestens genauso großen Einfluss auf sein weiteres Werk
hatte die intensive Auseinandersetzung mit den Fresken des
Venezianers Amigoni, mit dem er 1719 in Ottobeuren erstmals
zusammengetroffen war und der nach 15-jährigem Aufenthalt
in München 1730 nach London übersiedelte.

VORFORMEN DER ROCAILLE IN BENEDIKTBEUERN

Mit der Blüte der Wissenschaften in den bayerischen Klöstern
im 18. Jh. erhielten auch deren Bibliotheken eine neue Bedeutung. Diese Räume, in denen das geistige Erbe aufbewahrt
wurde, bekamen nun vielerorts eine neue Ausstattung, die der
Gelehrsamkeit gewidmet war und das Weltbild des Ordens ausdrückte. Dominikus entwarf noch in seiner Spätzeit einen
prachtvollen Schausaal mit umlaufender, von Doppelsäulen ge-
tragener Galerie für das Kloster Schussenried, der dann von
anderen Künstlern ausgeführt wurde (s. S. 141). Johann Baptist

Kloster Benediktbeuern, ehemalige Bibliothek, Langseite der Decke: Figuren der »Fortitudo« und »Temperantia« flankieren ein Bild mit Symbolen der Wissenschaften; Stuck und Fesko von Johann Baptist Zimmermann, 1724

Régence

Nach dem Tod des Sonnenkönigs Ludwig XIV. im Jahr 1715 setzte ein kultureller Wandel ein. Der Hof von Versailles verlor seine zentrale Bedeutung. Der Adel ging dazu über, im privaten Rahmen seiner Stadt- und Landsitze, den »hôtels«, einen genussvollen Lebensstil zu pflegen. Unter der Herrschaft des Herzogs von Orléans (1715–23), der als Vormund des noch minderjährigen Ludwig XV. (1710–74) die Regierungsgeschäfte führte, entwickelte sich die erste Stilstufe des französischen Rokoko (franz. »roc« = »Fels«, »coquilles« = »Muscheln«), die sog. Régence (franz. »régence« = »Herrschaft«). Sie umfasst den Zeitraum zwischen 1715 und 1730. Die Künste verloren ihren repräsentativen Charakter, wurden verspielt und elegant. Bevorzugt wurden zierliche, fantasievolle Ornamentformen mit Bandwerk, C-Schwüngen und Muscheln in zarten Farben.

führte parallel zu den Arbeiten für den kurfürstlichen Hof in Schleißheim 1724 Stuck und Fresken in der Bibliothek des Benediktiner-Klosters Benediktbeuern aus. Dabei bot sich ihm die Gelegenheit, die neuen Fähigkeiten, die er sich angeeignet hatte, auf eine große Deckenfläche anzuwenden.

Das hier entstandene Dekorationssystem bedeutete einen wichtigen Meilenstein im Hinblick auf die Entwicklung des süddeutschen Rokoko. Zimmermann verwendete die C- und S-Kurven, zu denen ihn die Grotesken Bérains angeregt hatten, nun in mannigfachen Schwingungen, in geschweiften Konturen, in vielfach differenzierten, gebrochenen und abstrakten Lineaturen und Kombinationen. Diese von ihm erfundenen Formen, mit denen er alle Details seiner Dekoration zu einem bewegten, spannungsreichen Ganzen verband, sind noch keine Rocaillen, aber ein interessantes Zwischenstadium. Fresko und Dekorationsmotiv sind nun nicht mehr in sich abgeschlossen, sondern stehen in engem Zusammenhang mit der Rahmung und dem gesamten Dekorationssystem. So wird z. B. die stuckierte Brüstung, an der seitlich auf Voluten die Tugenden »Fortitudo« (Stärke) und »Temperantia« (Mäßigung) platziert sind, zugleich zum Teil eines Bildes, in dem Putti mit den Gegenständen der Wissenschaften spielen. Erstmals hatte Johann Baptist diesen Kunstgriff bereits im Bibliothekssaal Ottobeuren praktiziert, doch gelingt ihm nun auch überzeugend die Verbindung zwischen flächengliedernden und flächenfüllenden Motiven. Die Stuckdekoration mit Springbrunnen, Pflanzen, Vögeln, Putti mit Weintrauben, Muscheln, Fächern, Gitterfeldern und weiteren Dekorelementen, wie sie schon in den Kabinetten in Schleißheim zu sehen sind, wird hier zum Träger einer durchgängigen Bewegung und vermittelt Stimmungswerte.

ANREGUNGEN DURCH JACOBO AMIGONI

Der Einfluss Amigonis auf Johann Baptists Freskomalerei, der dessen Malweise während seiner Tätigkeit in Schleißheim bei der Entstehung der dortigen großen Deckenfresken hautnah miterleben konnte, ist deutlich erkennbar. Beide Künstler kannten und schätzten sich sehr – ein Umstand, der für den Architekten Effner sogar zum Grund für Beschwerden wurde. Amigonis Malerei zeigte im Vergleich zu den damals in München tätigen Freskanten (Cosmas Damian Asam, Nikolaus Gottfried Stuber, Johannes Zick) einen neuen Stil. Er bevorzugte weite, freie Himmelsflächen und landschaftliche Szenarien am Bildrand, schuf Raumweite anstatt -tiefe, reduzierte Untersicht und barocken Überschwang. Er wollte nicht mehr die Illusion des Überirdischen, das scheinbar in die Realität eingreift, vermitteln. Inmitten einer räumlich kaum definierten Fläche setzte der Maler begrenzte Bereiche mit Gegenständlichem und Akteuren. Die Anordnung dieser Personengruppen unterwarf er keiner geschlossenen Komposition; sie wurden vielmehr durch einzelne Figuren oder durch Bewegungsmotive in eine spannungsvolle Beziehung zur freien Fläche gesetzt. Die schöne Einzelfigur (vgl. Abb. S. 108), das malerische Detail wurde wichtig. Dieses Prinzip des gegenständlich oft weitgehend unbesetzten Bildraums nach dem Vorbild Amigonis wurde auch bei Johann Baptist zu einem wichtigen Kompositionsprinzip (s. Abb. S. 63).

Auch die Bilder in Benediktbeuern besitzen nur geringe Tiefe. Die Vertreter der Künste und Wissenschaften sind vor einer flachen Hintergrundfolie platziert, ähnlich einem Reliefgrund, wie man schon in Schliersee erkennen kann (s. Abb. S. 21, 38). Es fehlt jeder dramatische oder pathetische Wesenszug. Die Fresken sind zwar perspektivisch auf die Untersicht angelegt, doch sie besitzen keinerlei illusionistische Effekte. Die Schauplätze sind mit Vasen, Springbrunnen, Säulen, Baldachinen, Tieren und anderen aparten Gegenständen aufgebaut, die ebenfalls direkt dem Schleißheimer Dekorationssystem entnommen erscheinen (vgl. Abb. S. 34). Hintergrund und Umgebung dienen der Vermittlung einer idyllischen Atmosphäre; sie sind Stimmungsträger. Bei der Farbgebung lässt sich beobachten, dass Zimmermann wie Amigoni einzelne Flächen mit homogenen Farbwerten, die durch Weißbeimischungen hell und lichtdurchlässig werden, aneinander fügte. Auch modellierte er mit der Farbe nicht den Gegenstand, sondern kolorierte eine Reliefoberfläche. Seine Praxis als Stuckateur hatte also wesentlichen Anteil an der Entwicklung seines Malstils.

Kloster Benediktbeuern, ehemalige Bibliothek: Darstellung der Künste und Wissenschaften; Fresko von Johann Baptist Zimmermann, 1724

3 Rokoko – Die Linie beschwingter Eleganz

ERSTER HOFSTUCKATEUR UNTER KURFÜRST KARL ALBRECHT (AB 1727)

Johann Baptist Zimmermann hatte mit seinen Arbeiten im Treppenhaus und in den Kabinetten von Schloss Schleißheim seine Vielseitigkeit bewiesen. Sein Einfühlungsvermögen befähigte ihn dazu, die wechselnden Dekorationspläne, die auf die jeweilige Funktion und den unterschiedlichen Charakter der Räume abgestimmt waren, umzusetzen und mit eigenen Ideen zu bereichern. Darin zeigte sich seine künstlerische Überlegenheit gegenüber den anderen Meistern seines Fachs am Münchner Hof. Der Marmorierer Johann Georg Bader aus Landsberg, der seit Anfang der 1720er-Jahre in der Badenburg und in Schloss Schleißheim tätig gewesen war, starb 1726. Zimmermann war zu dieser Zeit u. a. mit der Ausschmückung von Räumen im Appartement des Kurfürsten in Schloss Nymphenburg beschäftigt, die jedoch 1806/08 bei der Umgestaltung für König Max I. nicht mehr dem Zeitgeschmack entsprachen und deshalb beseitigt wurden. 1727 wurde der Franzose Charles Dubut, ein internationaler Hofkünstler, den der Kurfürst 1716 aus Berlin nach München berufen hatte, entlassen. Er verlor sein Amt als erster Hofstuckateur und seine Jahresbesoldung von 600 fl. Seine Nachfolge trat Johann Baptist an, der den ehrenvollen Titel bis zu seinem Tod behalten sollte. Die Stellung war jedoch in Zeiten knapper Kassen nicht mehr mit einem festen Verdienst verbunden.

Als nunmehr festes Mitglied des kurfürstlichen Hofes lief er freilich Gefahr, sich zu sehr von den Launen des Fürsten abhängig zu machen. Doch er hatte bereits bei Kurfürst Max Emanuel die korrekte und zeitnahe Bezahlung seiner Arbeiten durchsetzen können. Er erreichte in der Folgezeit außerdem, dass er meistens genügend Aufträge außerhalb des Hofes erhielt, die ihm mehr Spielraum verschafften.

Der Arbeitsbereich des 47-Jährigen verlagerte sich nach der Einstellung der Schleißheimer Bauarbeiten vorwiegend in die Münchner Residenz. Nach dem Tod Max Emanuels wurde, abgesehen von der Errichtung der Amalienburg, die nicht als Schloss, sondern als kleine »maison de plaisir« geplant war, die Dekoration von Innenräumen zur primären Aufgabe der Hofkünstler. Unter Kurfürst Karl Albrecht (reg. 1726–45, ab 1742 als Kaiser Karl VII.) erfolgte in der Residenz die – zum Teil schon von seinem Vater geplante – Einrichtung einer Ahnengalerie, eines Schatzkabinetts und eines repräsentativen Staatsappartements mit den »Reichen Zimmern« am Grottenhof und der zugehörigen Grünen Galerie auf dem Gelände des alten südlichen Residenzgartens. Die Räume sollten der Verherrlichung der Wittelsbacher Regenten dienen und den Anspruch des Kurfürsten auf die Kaiserkrone untermauern. An der Realisierung des Vorhabens war in den ersten Regierungsjahren noch Effner beteiligt, bald jedoch v. a. der neue Hofbaumeister François Cuvilliés.

Die Münchner Residenz

In der Nordostecke der Münchner Stadtbefestigung befand sich im Mittelalter die »Neuveste«, eine gotische Wasserburg, deren höchstes Gebäude der Silberturm war. Anfangs nutzten die Wittelsbacher, die im Alten Hof residierten, die Anlage als Fluchtburg. Sie wurde im Laufe der Jahrhunderte zu einem prunkvollen Herrschersitz ausgebaut, dessen Höfe und Gärten sich immer mehr in die Stadt hinein ausdehnten. Unter Herzog Wilhelm IV. wurde die neue Residenz bezogen und diente 1508–1918 als Hauptwohn- und Regierungssitz der bayerischen Herzöge, Kurfürsten und Könige. Die aus diesem Zeitraum stammenden Räume und Kunstsammlungen aus den Epochen der Renaissance, des Frühbarock und Rokoko bis hin zum Klassizismus und Historismus entstanden aus den wertvollsten Materialien und auf dem höchsten künstlerischen Niveau der jeweiligen Zeit. Sie bezeugen den Kunstsinn und den politischen Anspruch des Herrscherhauses und demonstrieren den Wandel in der fürstlichen Selbstdarstellung in den Epochen von Humanismus, Gegenreformation, Aufklärung und konstitutioneller Monarchie.

Bei den Luftangriffen auf München im Zweiten Weltkrieg erlitt die Residenz in der Nacht vom 24. April 1944 schwerste Zerstörungen. Die gesamte Anlage brannte aus; fast alle Räume und der Großteil der Außenarchitektur wurden vernichtet. Der Wiederaufbau in den folgenden Jahrzehnten war nur möglich, weil nahezu das gesamte Mobiliar und ein Großteil der Wand- und Deckenverkleidungen zuvor ausgelagert werden konnten. Die Residenz, heute eines der größten Schlösser Deutschlands, umfasst zehn Höfe und gliedert sich in die drei Hauptkomplexe Königsbau (zum Max-Joseph-Platz hin), Alte Residenz (zur Residenzstraße) und Festsaalbau (zum Hofgarten). Das seit 1920 öffentlich zugängliche Residenzmuseum besteht aus 130 Schauräumen und zählt zu den bedeutendsten Schlossmuseen Europas.

Bereits im November 1726 verhandelte das Hofbauamt mit dem »Stuckhadormaister« Johann Baptist Zimmermann über die Ausgestaltung einiger Räume im Erdgeschoss des Grottenhof-Südflügels. Die nicht näher bekannten Dekorationen und Einrichtungen dieser »Gelben Zimmer«, wie sie später benannt wurden, erlitten wohl schon bei der »grausamben Brunst« im Jahr 1729 Beschädigungen, wurden dann um 1730 durch François Cuvilliés erneuert und sind im 19. Jh. beseitigt worden.

ENGE ZUSAMMENARBEIT MIT DEN HOFBAUMEISTERN

Im Erdgeschoss des südlichen Grottenhoftraktes befand sich die einstige Gartenhalle Herzog Wilhelms V., ein rechteckiger Raum mit Tonnengewölbe aus dem späten 16. Jh. Die Idee, hier eine glanzvolle Ahnengalerie des Hauses Wittelsbach zu installieren, ging vermutlich noch von Kurfürst Max Emanuel aus. Anlässlich seiner Rückkehr aus dem Exil hatten die Jesuiten eine Laudatio verfasst, in der die Abstammung der Wittelsbacher bis auf den legendären Agilolfinger Theodo I. zurückgeführt wurde. Sie könnte eine Grundlage für die Konzeption gebildet haben, an der noch Hofarchitekt Josef Effner beteiligt war. Auch zu den Themen und Motiven der prunkvollen, von Johann Baptist um 1727 geschaffenen, vergoldeten Stuckdekoration mit Waffen, Trophäen, Palmen, Lorbeer, Türkenfahnen, Löwenköpfen und vielen weiteren Sinnbildern des siegreichen Kampfes und der ruhmreichen Herrschaft finden sich Parallelen in den Repräsentationsräumen von Schloss Schleißheim. Neuartig sind jedoch die zahlreichen naturalistischen, v. a. pflanzlichen Motive im Decken- und Rahmenstuck, deren Dynamik schon auf die wenig später unter der alleinigen Leitung Cuvilliés' erfolgte Ausschmückung der »Reichen Zimmer« vorausweist.

Während der Stuck weitgehend original ist, haben sich von den drei damals in die Decke eingelassenen Ölbildern mit Darstellungen der sagenhaften Belehnung Bayerns an Theodo im Jahr 508, der Königswahl Ludwigs des Bayern 1314 und der Neustiftung des St.-Georgs-Ritterordens durch Karl Albrecht 1729, gemalt von Balthasar Augustin Albrecht, nur das Letztere erhalten. Die in drei Reihen übereinander angeordneten Ahnenporträts der Wittelsbacher lieferten die Hofmaler Jacopo Amigoni und Georg Desmarées. Die Brustbilder sitzen in einer weiß-golden gefassten Wandvertäfelung, die in der Werkstatt des Hoftischlers Wenzeslaus Miroffsky angefertigt wurde. Sein reiches Schnitzwerk bezieht die Ränder der Decke und deren Ornamente mit ein. Zentral angeordnet sind die drei großen Bildnisse von Theodo I., Karl dem Großen und Ludwig dem Bayern, deren Präsenz die Ehrwürdigkeit des bayerischen Herrscherhauses untermauern sollte. Aus seiner hier präsentierten Familiendynastie leitete Kurfürst Karl Albrecht seinen Anspruch auf die Kaiserwürde ab, die er dann schließlich auch erlangte. Heute umfasst die Ahnengalerie über 120 Porträts von Mitgliedern des Hauses Wittelsbach bis hin zu Ludwig III., dem letzten König von Bayern.

François de Cuvilliés der Ältere (1695–1768)

Der gebürtige Belgier trat schon in jugendlichem Alter als »Hofzwerg« in die Dienste Kurfürst Max Emanuels, der sich damals im belgischen Mons im Exil aufhielt. Kleinwüchsige Menschen hatten bereits im Alten Ägypten eine besondere Stellung am Königshof – man sprach ihnen besondere Talente zu und sie galten als Glücksbringer. Seit Kaiser Rudolf II. (1552–1612), dessen »Hofzwerge« Berühmtheit erlangten, waren sie auch in den europäischen Adelshäusern sehr beliebt. Der bayerische Kurfürst nahm Cuvilliés bei seiner Rückkehr mit nach München und finanzierte ihm eine Ausbildung in Paris bei dem Architekten Jean François Blondel, wo er die neuesten Trends der französischen Architektur und Innendekoration studierte. 1725 wurde er zum Hofbaumeister ernannt und war Oberhofbaumeister Josef Effner gleichgestellt.

Cuvilliés kommt eine entscheidende Rolle für die Einführung der Rocaille in Deutschland zu. Er verwendete das neue Ornament seit den 1730ern in seinen Ausstattungsprojekten. Als Kenner der französischen Architektur erhielt er von vielen deutschen Fürsten und dem Hochadel Aufträge. Seine Hauptwerke für den Münchner Hof sind die prunkvollen »Reichen Zimmer« der Residenz (1730–37, 1944 vernichtet, unter Verwendung von Originalteilen größtenteils rekonstruiert), das Jagdschlösschen Amalienburg im Nymphenburger Park (1734–39), Palais Holnstein (1733–37) und das Residenztheater, das heute unter dem Namen Cuvilliés-Theater geführt wird (1750–53; 1944 zerstört; die ausgelagerte Innenausstattung wurde an anderer Stelle in der Residenz wieder eingebaut).

Cuvilliés schuf ein umfangreiches Stichwerk mit über 50 Vorlagenbüchern für alle möglichen Objekte der Ausstattungskunst (Wand- und Deckenverkleidungen, Möbel, Öfen, Rahmen, Metallarbeiten, auch verspielte, aus Rocaillen geformte Architekturteile), das er im Eigenverlag veröffentlichte. Dadurch wurde das Rokoko-Ornament auf breiter Basis bekannt.

Karl Albrecht ließ direkt neben der Ahnengalerie ein weiteres prächtiges Kabinett einrichten. Es war für die Aufbewahrung des Hausschatzes der Wittelsbacher vorgesehen, der von Herzog Albrecht V. begründet und von seinen Nachfolgern beständig erweitert worden war. Die Kleinodien lagerten erst im Silberturm der Neuveste und nach dessen Zerstörung im Obergeschoss des Grottenhofes. Ihre Unterbringung sollte nun erstmals in einem angemessenen Ambiente erfolgen. Die Hofbauamtsrechnungen geben darüber Auskunft, dass Zimmermann 1730 »Vor Verferttigung der Döckhen im neuen Schazgewölb Von Stukhator arbeith« 450 fl. erhalten hat. Der Meister erscheint bei dieser Raumausstattung, die bereits viele rokokohafte Züge trägt, aber die Rocaille als Ornamentform noch nicht verwendet, bereits eng vertraut mit der Vorstellungswelt des Architekten Cuvilliés. Nur die Sockelzone, die sich aus weiß-goldenen Rahmenfeldern zusammensetzt, hat noch eine fest gefügte Struktur. Die vergoldeten Stuckaturen auf weißem Grund rahmen das verspiegelte Schrankwerk, das nun selbst zu einem Teil der Wanddekoration geworden ist, mit gebogenen und ausschwingenden Palmenwedeln jenseits aller strengen Tektonik und schmücken das Muldengewölbe mit einer großen Mittelrosette, aus der Blütengirlanden, Putten und Drachen hervorquellen. In den Ecken sitzen Kartuschen mit Büsten der vier Erdteile, darüber entdeckt man Putten, die nach Vögeln greifen. Über der auf ein Minimum reduzierten Hohlkehle sind die Ränder mit Rauten- und Streifenfeldern unter geschwungenen Linien, Pflanzenmotiven, Springbrunnen, Muscheln, Schnecken und Fabeltieren besetzt, die sich nach oben hin frei entfalten. Tafelgeräte, Prunkgefäße, Füllhörner, Kronen und Edelsteine verweisen auf die Bestimmung des Raumes.

Die starke Dynamik und das vehemente Ausgreifen der Stuckdekoration in den Deckenspiegel charakterisieren diesen Raum auf besondere Weise und erweisen sich als Eigenart des Münchner Rokoko. Ansätze für diese Entwicklung finden sich schon im Bibliothekssaal von Benediktbeuern (vgl. Abb. S. 38). In den Vögeln, die hier in der Schatzkammer frei in den Raum zu fliegen scheinen, und den Fontänen der Springbrunnen wird schon ein nach oben geöffneter, unbegrenzter Raum angedeutet, wie er dann später im Kuppelsaal in der Amalienburg verwirklicht werden sollte. Das Kabinett beherbergte bis 1897 die Preziosen-Sammlung der Wittelsbacher, die unter Prinzregent Luitpold in ein neu erbautes Gewölbe (»Alte Schatzkammer«, jetzt Museumskasse) übertragen wurde und seit 1958 im Königsbau ausgestellt ist. Sie umfasst heute über 1250 Kunstgegenstände, darunter so einzigartige Objekte wie die bayerischen Kroninsignien, aber auch Juwelen, Orden, Meisterwerke der Goldschmiedekunst und kostbare Arbeiten aus Bergkristall, Edelsteinen oder Elfenbein. Im alten »Schazgewölb« wurde 1911 das bis heute bestehende Porzellankabinett eingerichtet.

FRÜHES MÜNCHNER ROKOKO:
DIE »REICHEN ZIMMER«

Die Modernisierung der fürstlichen Wohnräume an der Süd- und Ostseite des Grottenhofes hatte bereits Kurfürst Max Emanuel in die Wege geleitet und seinen Hofarchitekten Effner mit den Planungen beauftragt. Während der Umbauten beschädigte jedoch 1729 ein Feuer den südlichen Flügel. Karl Albrecht ließ anschließend dessen Obergeschoss durch Cuvilliés zwischen 1730 und 1733/37 mit der prächtigsten Raumfolge seiner Zeit ausstatten. Der Stil und die kostbaren Materialien der Appartements sollten die Verbundenheit mit Frankreich und den imperialen Anspruch des Kurfürsten manifestieren. Mit der Entstehung der sogenannten »Reichen Zimmer« in der Residenz setzte die Epoche des höfischen Rokoko in Süddeutschland ein. Das architektonische Gesamtkonzept, die Dekoration mit Wandvertäfelungen und Stuckaturen und auch die zahlreichen Möbel – mit Ausnahme einer Reihe importierter Pariser Luxusmodelle und kostbarer Textilien – gehen größtenteils auf Entwürfe von Cuvilliés zurück. In ihrem aufwendigen Dekor dominieren das Goldornament auf weißen Wänden und der purpurfarbene, ziselierte Genueser Samt. Nur bei der Grünen Galerie wurde, wie der Name andeutet, ein grüner Seidendamast verwendet.

Cuvilliés Zeichnungen wurden von hoch qualifizierten Hofkünstlern, zu denen Johann Baptist Zimmermann sowie die Holzbildhauer Joachim Dietrich, Wenzeslaus Miroffsky und Adam Pichler gehörten, zu einzigartigen Raumkunstwerken umgesetzt. Zimmermann erhielt von 1731 bis 1733 umfangreiche Zahlungen für seine Arbeit in den Audienz- und Konferenzzimmern, dem kurfürstlichen Schlafzimmer, den Kabinetten und der Grünen Galerie mit Stiegenhaus. Allein für den Schmuck der Fassade und der Innenräume der letztgenannten Galerie wurden ihm fast 5.000 fl. Honorar zugebilligt. Als Mitarbeiter in der Residenz sind sein Sohn Michael, Emmeram Widmann und Martin Pichler genannt.

ABFOLGE UND FUNKTION DER RAUMFLUCHT

Im Audienzzimmer absolvierten auswärtige Gesandte ihren offiziellen Empfang bei Hofe. Der im Zeremoniell festgeschriebene Weg führte durch die beiden nördlich vorgelagerten Vorzimmer. Deren Pracht wurde im Audienzraum nochmals gesteigert, wo der Kurfürst den Gast unter einem roten Samtbaldachin erwartete.

Im Konferenzzimmer wurde nur hohen Besuchern oder engsten Familienmitgliedern eine Privataudienz gewährt. Der Reichtum der Stuckaturen und Schnitzereien ist – dem hohen zeremoniellen Rang des Raumes entsprechend – gegenüber den übrigen Empfangszimmern nochmals gesteigert. Teile der originalen Wandbespannung haben sich hier erhalten.

Das kurfürstliche Parade-Schlafzimmer mit seiner erlesenen Ausstattung diente, wie ein historischer Bericht überliefert, »nur zur Pracht, nicht zu den Bequemlichkeiten der Ruhe«. Es war innerhalb des Staatsappartements ausschließlich als symbolischer Präsentationsraum gedacht. Nach dem Vorbild des französischen Hofzeremoniells fand darin in Anwesenheit geladener Gäste das Zubettgehen des Fürsten statt, die Nacht verbrachte er jedoch offensichtlich woanders. Der Raum wurde mit kostbaren und teuren Lackmöbeln eingerichtet, die Kurfürst Karl Albrecht eigens bei Kunstschreinern in Paris bestellte.

Nach französischem Vorbild ordnete Cuvilliés neben dem Parade-Schlafzimmer zwei Kabinette an. Das erste, das Spiegelkabinett, wurde als Schreib- und Ruhezimmer genutzt. Große Wandspiegel bestimmen den Raum. Sie gehörten im 18. Jh. zu den teuersten Gegenständen einer aristokratischen Raumausstattung. Dank ihrer ausgeklügelten Anbringung vervielfältigten sich im Auge des Betrachters die vergoldeten Wandkonsolen, auf denen hier Hunderte von kleinen Porzellanarbeiten ausgestellt waren, bis ins Unendliche. Im Gegensatz zur Ahnengalerie und der Schatzkammer, die 1944 nur teilweise Schäden erlitten, sind im Spiegelkabinett lediglich in den Fensternischen originale Stuckaturen erhalten.

Das Miniaturenkabinett am Ende der Raumfolge diente als exklusiver Rückzugsort innerhalb des Appartements. Der winzige Raum wurde besonders kunstvoll ausgestattet. Decke und Wände sind in Stil und Farbton sehr eng aufeinander abgestimmt. Ein aufwändig hergestellter roter Lack bildet den Hintergrund für die aufs Äußerste verfeinerten, vergoldeten Schnitzereien Joachim Dietrichs. In diese kostbare Wandtäfelung wurden zahlreiche Miniaturen niederländischer, französischer und deutscher Meister des 16. bis 18. Jhs. eingelassen.

Am entgegengesetzten Ende münden die »Reichen Zimmer« in den nördlichen Querraum der ab 1730 von Cuvilliés erbauten, zweistöckigen Grünen Galerie. Die siebenachsige Halle im Obergeschoss war Schauplatz glanzvoller Festlichkeiten, zu denen der Kurfürst regelmäßig einen ausgewählten Kreis aus dem bayerischen Adel einlud. Neben ihrer Funktion als Festsaal diente sie auch als fürstliches Bilder- und Spiegelkabinett sowie als Vestibül der zu ihr emporführenden, ebenfalls neu erbauten Paradetreppe. Durch diese Stiege wurde der für die Repräsentation notwendige zeremonielle Zugang zu den »Reichen Zimmern« geschaffen. Das Treppenhaus musste jedoch schon 1764 unter dem nachfolgenden Kurfürsten wieder weichen. Der südliche Querflügel der Galerie wurde um 1826 bei der Errichtung des Königsbaus beseitigt. Die über 70 wertvollen Gemälde verschiedener Meister und Epochen in vergoldeten Prunkrahmen, die hier in drei Reihen übereinander im Wechsel mit hohen

Wandspiegeln angeordnet waren, entstammten den Kunstsammlungen der Wittelsbacher. Sie korrespondierten mit der
stuckierten und geschnitzten Raumausstattung und ergaben
einen harmonischen Gesamteindruck.

Viele der Bilder kamen später in andere Museen. 2011 konnte die ursprüngliche Hängung mit Unterstützung der Bayerischen Staatsgemäldesammlungen weitgehend wiederherge-
stellt werden. Seitdem lässt sich die Funktion dieses Raumes
als fürstliche Galerie und als Ort absolutistischer Herrschafts-
repräsentation wieder nachvollziehen.

DER NEUE DEKORATIONSSTIL

Die Entwicklung von Cuvilliés Dekorationssystem in den Räumen der Residenz führte dazu, dass die Trennungsleiste zwischen Wand und Decke mehr und mehr aufbrach, die Mittel-
und Randmotive der Decke immer freier und bildhafter
gestaltet wurden und einzelne Rocailleformen auftraten. Das
ganze Ornamentgefüge wurde von einer sich steigernden Dynamik erfüllt. Boiserien und Stuck tendierten dazu, ineinander überzugehen; alle Dekorationsteile trugen auf ihre Weise
zu einer optischen Einheit bei. Dabei orientierte sich der Grad
der Fortschrittlichkeit auch am Rang des jeweiligen Raumes:
Im kurfürstlichen Parade-Schlafzimmer, einem Höhepunkt
der Enfilade, kann man z. B. erkennen, wie sich die Leiste zwischen Wand und Decke bereits giebelartig aufwärts biegt und
einen Sockel für die figurativen Szenen bildet, die weit in den
Deckenspiegel hineinragen. In den Raumecken entwickelt sich
über abstraktem Gitterwerk ein freies Potpourri von wasser-
speienden Masken, Blütenketten, Tieren und Putti.

In der engen Zusammenarbeit mit Cuvilliés veränderte
Johann Baptist seinen Dekorationsstil entscheidend. Er verwendete nun viel öfter naturhafte, florale und landschaftliche
Bildelemente mit Stimmungswerten und konnte seine Reliefs
nuancenreich abstufen. In ihrer filigranen Feinheit üben diese
Motive einen besonderen ästhetischen Reiz aus und nehmen
seiner Kunst die letzte rustikale Schwere. Das beweisen z. B.
seine Arbeiten im Spiegelkabinett, in dem die Wände mit auf-

strebenden pflanzlichen Ornamenten gerahmt sind. Die Dekoration reagiert hier auch auf die Kurven der Raumform mit den gerundeten Ecken, die in die leicht konvex schwingende Bekrönung der Alkovennische übergehen, und die Fensterlaibungen, die mit reich stuckierten Kalotten in die Wand einschneiden. Zimmermanns stuckierte Baumstämmchen ragen in den Deckenspiegel hinein und nehmen diese leichten Konvex- und Konkavschwingungen der Innenwand auf. Manche Motive lösen sich vom Grund und streben die Dreidimensionalität an. Vereinzelt treten schon Formen der Rocaille auf, die zwar noch zwischen Gegenständlichkeit und Abstraktion wechseln, zum Teil jedoch schon dazu tendieren, Wand und Decke brückenartig zu verklammern. Anstatt der früher üblichen Flächendekorationen mit Gitterfeldern und ähnlichem dominiert nun das kunstvolle Liniensystem aus vielfältig variierten, meist vegetativen Grundmotiven der C- und S-Kurve, wie es auch auf vielen Blättern im Stichwerk Cuvilliés zu finden ist.

Die Spiegeldecke im Miniaturenkabinett, 1733 von Zimmermann angefertigt, ist ein Beispiel dafür, wie eng nun Malerei und Relief miteinander verwoben sein können. Gemalte Vögel, Insekten und stuckierte Ranken gehen ineinander über. Rocailleartige Gebilde, florale und figürliche Details ergeben ein zartes Gespinst.

Die Rocaille

Der Begriff Rocaille setzt sich aus den französischen Wörtern »roc« (Fels) und »coquille« (Muschel, Schneckenhaus) zusammen. Er benennt eine Zierform, die sich aus der Volute bzw. aus der Grottendekoration entwickelte. Die ersten Rocailles findet man in den Grotten der Schlossanlagen in der Renaissancezeit. Diese wurden nicht nur mit verschiedenartigen Steinen ausgekleidet, sondern auch mit künstlichen, oft in bizarren Formen gestalteten Muscheln und Schneckenhäusern. In den 1730er-Jahren entwickelte sich die Rocaille in Frankreich als selbständiges Dekorelement und wurde dann international zur Leitform des Rokoko. Ihre

Grundform besteht aus C-Schwüngen, die an ihrem äußeren oder inneren Rand mit gezackten, muschelartigen Verzierungen besetzt sind, zumeist in Verbindungen mit weiteren Ornamentformen wie Palmetten, Ranken u. ä. Daraus entwickelten sich zahlreiche Variations- und Kombinationsmöglichkeiten. Die bewegten Formen lösten den symmetrischen Ornamentstil des Spätbarock ab. Sie ermöglichten ideale Übergänge zwischen Decke und Wand, zwischen Drei- und Zweidimensionalität und gaben den Künstlern viele neue kreative Freiheiten. Die Rocaille wurde im Laufe der Entwicklung immer autonomer und steigerte sich – insbesondere im Werk der Brüder Zimmermann – bis zu einem skulpturalen und architektonischen Gebilde (Abb. S. 128, 142). Franz Anton Bustelli (1723–63), der Meister der Nymphenburger Rokoko-Porzellanplastik, verwendete sie sowohl als Ornament als auch als objektgestaltendes Element.

Zimmermann übernahm mit seinem Stuckornament schon bei früheren Aufträgen inhaltliche Ergänzungen zum Freskenprogramm; Figuren, Gegenstände oder kleine Bildreliefs fungierten als Bedeutungsträger. Hier in den »Reichen Zimmern« wurde die Stuckausstattung nun zu einem wichtigen, manchmal sogar zum alleinigen Vermittler des Bildprogramms. Das Konferenzzimmer z. B. hat die Verherrlichung der Tugenden und der ruhmreichen Regierung des Herrschers zum Thema. Wie im Parade-Schlafzimmer wurden über den Mittelachsen figürliche Szenen aufgebaut, deren Umrahmungen aus der entgrenzten Hohlkehle emporwachsen. Im Gegensatz zu einer heroischen Darstellung des Kampfes zwischen Tugenden und Lastern, wie sie im Hochbarock üblich gewesen wäre, vermied man jedoch hier – schon ganz in rokokohafter Manier – jede dramatische Konfrontation. Die Auseinandersetzung zwischen den Extremen wurde ins Spielerische und Graziöse abgewandelt und zu einem aparten Motiv der Dekoration.

Ein sehr umfangreiches Stuckprogramm realisierte Zimmermann in der Grünen Galerie und deren Nebenräumen. Ein

Augenzeuge berichtete, dass auch die Seitenwände des Treppenhauses »von Zimmermanns Hand mit köstlichen Stukkaturen verziert« waren. Diese sind aber nur fragmentarisch bekannt, da die Räume im 18. und 19. Jh. wieder abgerissen wurden.

Mit dem Galeriebau und der Prachtstiege hatte die Einrichtung der »Reichen Zimmer« ihren Abschluss gefunden. Cuvilliés und seinen Mitarbeitern war es gelungen, mit ihnen eine spezifische Form des frühen höfischen Rokoko zu kreieren. Ihre Besonderheit ist ein variationsreiches, vegetabiles, von bildlichen Darstellungen durchsetztes, emporstrebendes Dekorationssystem von feiner, zarter Beschaffenheit. Im Gegensatz zur französischen Variante des Rokoko besaß es die starke Tendenz zur Verschleifung von Wand und Decke. Die ersten Besucher dieser Räume reagierten mit großer Bewunderung auf den neuartigen Stil. Der fürstbischöflich Bambergische Architekt Johann Jakob Michael Küchel besuchte sie kurz vor ihrer Vollendung während einer Studienreise und meinte bewundernd, dass es nichts Schöneres und Geschmackvolleres auf der Welt gebe. Leopold Retty ließ 1738 davon Zeichnungen anfertigen, die dann als Vorbild für die Einrichtung der markgräflichen Wohnräume in der Ansbacher Residenz herangezogen wurden.

ARBEITEN IN STADTPALAIS UND LANDSCHLÖSSERN

Anders als in Frankreich, wo ab 1715 im Régence und der darauffolgenden Louis-Quinze-Zeit der Adel die Kunstentwicklung vorantrieb, blieb in Bayern der Hof maßgeblich für die Stilbildung. Als Hofstuckateur des Kurfürsten wurde Zimmermann deshalb zum begehrten Ausstattungskünstler bayerischer Adelshäuser, die sich mit einem zeitgemäßen Ambiente umgeben wollten. Zwischen der Hofkunst und der Dekoration der Stadtpalais und Landschlösser herrschte aber im Allgemeinen ein mehr oder weniger großes Niveaugefälle. Dies erklärt sich zum einen dadurch, dass die besten Kräfte größtenteils durch ihre Arbeit in der Residenz und den kurfürstlichen Schlössern gebunden waren und oft nur die zweite Riege der Werkstattmitarbeiter dort zum Einsatz kam, zum anderen auch durch die

Schwierigkeit, das auf den Kurfürsten und seine Ansprüche zugeschnittene Dekorationssystem zu vereinfachen und in andere Räume zu übertragen. Letztlich durfte freilich auch niemand die Pracht kurfürstlicher Räume überbieten, damit die souveräne Stellung des Landesherrn gewahrt blieb.

Joseph Ernst von Sternfeld, der 1827 ein anekdotenreiches Buch über die von Preysing veröffentlichte, berichtete, Kurfürst Karl Albrecht habe des Öfteren über die nicht standesgemäße Wohnung seines Ministers Graf Johann Maximilian IV. Graf von Preysing-Hohenaschau gespottet, der ein jährliches Gehalt von 6.000 fl. bezog. Dieser soll angeblich deshalb Hofarchitekt Josef Effner beauftragt haben, gegenüber der Residenz ein repräsentatives Stadthaus zu errichten. So entstand das erste von der französischen Régence-Kunst inspirierte Palais in München. Ab 1724 arbeitete Zimmermann dort am Fassadenstuck und der Ausschmückung des kostbar ausgestatteten Treppenhauses, der Hauskapelle sowie mehrerer Innenräume. Der 1944 teilweise zerstörte Außenbau und das Treppenhaus konnten später rekonstruiert und ergänzt werden; Zimmermanns Arbeiten in den weiteren Innenräumen haben sich jedoch nicht erhalten.

Am ehesten vergleichbar mit den »Reichen Zimmern« war das neue Appartement im Münchner Palais Porcia, das der Kurfürst 1731 für die Gräfin Maria Josepha Porcia kaufte und von Cuvilliés gleichzeitig mit der Residenz umbauen ließ. Zimmermann fertigte 1733 den neuen Fassadenschmuck und fünf Stuckdecken im Innern – in Galerie, Salon, Schlafzimmer und Kabinett im 1. Stock sowie dem Festsaal im 2. Stock (1944 zerstört) – mit schwingendem Pflanzenornament und figürlichen Reliefs. Er wurde 1733 dafür mit 1.300 fl. bezahlt. Das von Cuvilliés ab 1735 ebenfalls im Auftrag von Karl Albrecht für dessen Sohn Franz Ludwig errichtete Palais Holnstein (heute Erzbischöfliches Palais), eine Vierflügelanlage in der Kardinal-Faulhaber-Straße, stattete er 1736/37 mit einer Stuckfassade aus, schuf Fresken, Stuckornament und -figuren im Treppenhaus und verzierte mehrere Zimmer, die viele Gemeinsamkeiten mit den »Reichen Zimmern« und den etwa gleichzeitig erfolgten

Arbeiten in der Amalienburg haben. Es handelt sich bei diesem Münchner Palais um das einzige aus dem 18. Jh., dessen Raumaufteilung und Ausstattung weitgehend erhalten ist.

Man rief den berühmten Künstler u. a. auch an seine ehemalige Wirkungsstätte nach Maxlrain, wo er um 1730/35 die Schlosskapelle und in dem dazugehörigen Schloss Wallenburg (bei Miesbach) den Hauptraum stuckierte. Im selben Zeitraum fertigten zum Großteil seine Gehilfen im Schloss der Grafen Königsfeld in Alteglofsheim bei Regensburg die Verzierungen des Festsaales und der »Schönen Zimmer« sowie den Fassadenschmuck am Palais Etzdorf in Landshut. Auch bei diesen Aufträgen realisierte Zimmermann vielfach Entwürfe Cuvilliés, die sich später u. a. in dessen Buch »Nouveau Livre de Plafonds« wiederfinden.

ORDEN UND KLÖSTER ALS AUFTRAGGEBER

In der Zeit zwischen 1725 und 1740 war Johann Baptist mit seiner Werkstatt auch für zahlreiche Klöster tätig. So arbeitete er u. a. mit seinem Bruder für die Dominikanerinnen in Sießen und die Prämonstratenser in Steinhausen (s. S. 100, 102ff.), sowie 1733/34 für die Zisterzienserinnen in Landshut-Seligenthal. Die Augustiner-Chorherren übertrugen ihm umfangreiche Aufträge zur Modernisierung ihrer Stiftskirchen in Dietramszell (1726), Beyharting (1730) und Weyarn. Der dortige Konvent beschloss im Hinblick auf die 1733 anstehende 600-Jahr-Feier des Klosters die Modernisierung des Gotteshauses. Propst Praesidius Held vereinbarte mit Johann Baptist im Vertrag vom 21. April 1729 die neue Stuck- und Freskenausstattung für ein Honorar von 1.200 fl. Bei dem Bau handelte es sich um eine einfache Wandpfeileranlage ohne Emporen, die ab 1687 durch den Graubündener Architekten Lorenzo Sciasca (1643–94) errichtet worden war. Zimmermanns Arbeit bestand in der Dekoration der Pfeiler und der Stichkappentonne, in deren Jochfeldern mittig die Anordnung der Deckenbilder geplant war. Im Gegensatz zu seinen nur wenig später erfolgten Arbeiten in Steinhausen hielt sich Zimmermann hier streng an die Vorgaben der Architektur

Weyarn, ehemalige Stiftskirche, Langhaus: »Tolle, Lege« – Die Bekehrung des hl. Augustinus; Fresko von Johann Baptist Zimmermann, 1729

und akzentuierte mit den Ornamenten die Grenzen der einzelnen Gewölbefelder. Die weiße Wand und Decke blieb, wie schon bei seinen frühesten Arbeiten (vgl. Abb. S. 97) hinter den Motiven immer präsent. An der Chordecke bot sich die Gelegenheit, Fresko und Stuck noch enger miteinander zu verflechten, indem der Rahmen ornamental aufgelöst wird, Motive des Flächenornaments in das Bild eingreifen sowie stuckierte und gemalte Putten die gleiche Bildrealität erhalten. Diese Tendenz war schon in Benediktbeuern zu beobachten (Abb. S. 35) und ist hier weiterentwickelt. Die Fresken widmen sich inhaltlich im Chor dem Leben der beiden Kirchenpatrone Peter und Paul, im Langhaus und den Seitenkapellen ausführlich der Vita des Ordensgründers Augustinus. Einige der Bilder aus diesem Zyklus zählen zu den besten Arbeiten Johann Baptists. Dazu gehört die Darstellung der Bekehrung des hl. Augustinus. Das aufwühlende Ereignis vollzieht sich in dem Bild ganz unspektakulär: Wie die Legende berichtet, sitzt der junge Augustinus im Garten des Alypius unter einem Feigenbaum, als aus dem Himmel der Befehl ertönt: »Tolle. Lege.« (= »Schlag auf. Lies.«) Er öffnete die Bibel und liest eine Textstelle aus den Paulusbriefen (Röm 13,13–14), die ihn letztlich zum christlichen Glauben bekehrt.

Zimmermann vermeidet jede barocke Dramatik, in der dieses Geschehen mit einer Lichterscheinung, grellen Strahlen, Engeln oder allegorischen Figuren formuliert werden würde. Dargestellt ist hier lediglich der göttliche Befehl in Form einer Schrift am Himmel und der aufhorchende, fragend verweilende Augustinus. Zum Ausdruck kommt weniger ein Geschehen, sondern vielmehr eine innere Haltung. Der Bildschauplatz besteht aus Bäumen, Stufen, Bogenspalier, Ziervasen und Springbrunnen. Es sind bekannte Motive aus seinem Ornament- und Bildervorrat (vgl. Abb. S. 34, 38). Die Parklandschaft unterstreicht die Idylle, das lichte Blau des Hintergrunds bildet die Folie, vor der die Motive aufgereiht sind. Ein Bildraum ist kaum erkennbar. Das Fresko ist von einer erstklassigen Farbigkeit: der zartblaue, rosa bis weiß bewölkte Himmel, die subtil variierenden Grün- und Brauntöne der Landschaft, in deren Umfeld der rote Umhang und das leuchtend blaugelbe Untergewand des Augustinus sich gegenseitig zu großer Intensität steigern.

Für die Benediktiner schuf der Hofstuckateur mit seiner Truppe u. a. 1728 in Tegernsee Stuck und Bilder im Refektorium der Abtei (nicht erhalten). Einen umfangreichen Auftrag führte er ab 1731, gleichzeitig mit den Arbeiten in der Münchner Residenz, in Benediktbeuern aus. Das Kloster war eine beliebte Reisestation für hohe Herrschaften auf dem Weg über den Brenner nach Italien, weshalb der Konvent beschloss, einen ganzen Klostertrakt als Gästehaus herrichten zu lassen. Mit der anspruchsvollen Ausstattung von Fest- und Speisesaal, Sommerabtei, Gästezimmern, Treppenhaus und Korridoren war die Werkstatt drei Jahre lang beschäftigt. Johann Baptist, der sich v. a. dem Stuck und den Fresken im Festsaal widmete und die restlichen Arbeiten seinem Sohn Johann Joseph und den Gesellen überließ, nutzte die Gelegenheit, hier seinen in den »Reichen Zimmern« weiterentwickelten Ornamentstil unter veränderten Bedingungen anzuwenden.

IM REICH DER JAGDGÖTTIN: DIE PRACHT
DER AMALIENBURG (1734–39)

Einen Höhepunkt in der Zusammenarbeit zwischen Cuvilliés und Zimmermann stellen Bau und Ausstattung der Amalienburg im Garten von Schloss Nymphenburg dar. Während sie sich in den »Reichen Zimmern« der Residenz, mit Ausnahme der neuerbauten Grünen Galerie, mit den gegebenen Raumverhältnissen arrangieren mussten, konnten sie hier ohne diese Zwänge arbeiten. Kurfürst Karl Albrecht plante für seine Gemahlin Maria Amalia, die jüngste Tochter Kaiser Joseph I., eine kleine, elegante Schlossanlage, in der sie ihren Leidenschaften, der Fasanenjagd und der Hundehaltung, nachgehen konnte. Als Standort im Park wählte man ein kleines Waldgebiet südlich des Großen Parterre, das gegenüber dem nördlichen Wäldchen mit der Magdalenenklause, einer Einsiedelei mit künstlicher Ruinenarchitektur, die Effner zehn Jahre zuvor errichtet hatte, liegt. Das ebenerdige »Lustgebäu« sollte in der französischen Tradition der »maison de plaisance« stehen und die Funktion eines Jagdschlosses möglichst kunstvoll umsetzen. Der Hofarchitekt lieferte alle Entwürfe und führte die Oberaufsicht über die beteiligten Handwerker; neben Zimmermann als Stuckateur waren u. a. noch der Hofbildhauer Joachim Dietrich und der Dekorationsmaler Joseph Pasqualin Moretti vertreten. Da Cuvilliés weitgehend frei agieren durfte, gelang ihm mit der Amalienburg ein Gesamtkunstwerk von überzeugender Geschlossenheit. Es entstanden hier einige der kunstvollsten Innenräume Europas, in denen die fürstliche Lebenshaltung und das ästhetische Ideal des 18. Jhs. eindrucksvoll präsentiert werden. »Das Rokoko hat kaum ein anderes Werk hervorgebracht, in dem seine besonderen Stileigenschaften, abgesehen von der hohen Qualität, so ausschließlich und konzentriert zur Geltung kämen«, urteilte der Kunsthistoriker Georg Dehio.

Das außen schlichte, doch noble Anwesen ist in der Mitte durch eine flache Kuppel akzentuiert, deren Plattform als Hochstand für die Jägerin gedacht war. Die für den Abschuss bestimmten Vögel wurden von der 1734 eingerichteten Fasanerie (heute Menageriegebäude) zur Amalienburg getrieben. Im

Innern besitzt das Schlösschen eine nach dem Vorbild der französischen Hofkunst gestaltete Enfilade an Wohn- und Festräumen. Der Haupteingang führt durch die östliche Fenstertür direkt in den Großen Salon, der das Zentrum des Schlösschens bildet. Südlich schließen sich das Ruhezimmer der Kurfürstin und das Blaue Kabinett, nördlich das Jagd- und das Fasanenzimmer, auch Indianisches Kabinett genannt, an. In den Flügelbauten sind die Haushaltsräume untergebracht: Garderobe, Hundekammer und Gewehrschränke, Retirade und Küche.

Thematisch ist der gesamte Bau dem Reich der Göttin Diana, der Jagd und der Natur gewidmet, jedoch nicht in Form eines ausgefeilten Bildprogramms, wie es noch im Hochbarock üblich war, sondern in der kunstvollen, ästhetischen Umsetzung durch Material, Farben und Formen in idyllische, unbeschwerte und galante Motive.

Johann Baptist fertigte um 1734 den Fassadenschmuck und begann spätestens im Frühjahr 1737 mit der Stuckierung der Innenräume. Am Außenbau schuf er über den Portalen Figurengruppen der Jagdgöttin Diana mit Putten und Hunden über Jagdtrophäen (im Osten) und einer männlichen Herme mit Schildkartusche und Hasenpaar vor Baum- und Strauchwerk (im Westen). Sie wurden teilweise vollplastisch geformt. Im Vergleich zu den rund 15 Jahre zuvor entstandenen Türbekrönungen im Treppenhaus von Schloss Schleißheim gelang dem Künstler hier der Übergang zwischen Architektur, Skulptur und Relief noch souveräner. Mit wenigen Andeutungen zauberte er stimmungsvolle Szenen. Nischen mit Büsten, Trophäengehänge, Kartuschen und Relieffelder vervollständigen den Fassadenschmuck.

Im Innern steigert sich der Reichtum der Stuckdekoration und der Grad ihrer Plastizität und Figürlichkeit zum Zentrum hin und gipfelt in dem kreisförmigen, von der Kuppel überwölbten Mittelsaal. Er diente für die Zusammenkünfte erlesener Jagdgesellschaften, für Festessen, Bälle und Konzerte. Seine Wände sind ganz aus großen Fenstern, Türen und Spiegeln gestaltet, so dass der Raum zu den Seiten hin offen wirkt und die Welt des Gartens in den Innenraum hereingenommen ist. Daher

München, Amalienburg: Decke des Mittelsaals (Detail):
Die römische Göttin Ceres mit Feldfrüchten; versilberter
Stuck von Johann Baptist Zimmermann, 1735/37

erscheinen seine Grenzen durch das Spiel von echtem und reflektiertem Licht wie aufgehoben. Das Weiß-Blau-Silber des Raumes bezieht sich sowohl auf die Wittelsbacher Farben als auch auf die Jagdgöttin, zu deren Attributen das Silber gehört. Die Decke ist durch blaugrau gebrochenes Weiß bestimmt; das bayerische Blau der Wände und Nischen tritt als zartes, zum Grau hin gebrochenes »Bleumourant« auf. Alle Stuckarbeiten sind versilbert.

Die Ornamente und Figuren erreichen hier die größtmögliche Freiheit gegenüber der Architektur und sind zugleich eng mit der Raumdynamik verbunden. Über dem Gesims sitzen in rhythmisierender Abfolge die virtuos gestalteten, fast vollplastischen Figuren der Diana und weiterer Göttinnen, die durch ihr Wirken zu den Tafelfreuden, die man hier genoss, in Beziehung stehen. Sie verkörpern eine graziöse Leichtigkeit, die von den hoch flatternden Gewandteilen und den lässig herabhängenden Beinen noch betont wird. Bäume und andere vegetative Gebilde erstrecken sich über dem Gesims frei in die Kuppelfläche. Vieles ist in Bewegung dargestellt: die im gleichen Rhythmus schwingende Arkaden- und Balustradenzone, die Gesten und Körperhaltungen der Figuren, wehende Zweige, fließendes Wasser und auch die Vögel über der umlaufenden Naturszene, die scheinbar im Himmel fliegen. Diese Illusion zerstört jedoch die große, aus Pflanzen, Rocaillen, Gitterwerk und Puttenköpfen gebildete Mittelrosette. All die pflanzlichen und tierischen Motive wirken aufgrund ihrer Versilberung, die einen irrealen Glanz hervorruft, höchst kostbar. Sie entziehen sich damit einer naturalistischen Deutung. Trotz ihrer Gegenständlichkeit sind sie von größter Künstlichkeit. Diese Kontraste und Übergänge in der künstlerischen Gestaltung machen den Reiz des Rundsaales aus. Sie sind zugleich Stilphänomene des Rokoko. Man darf annehmen, dass Johann Baptist hier nicht nur ausführender Stuckateur war, sondern die Freiheit hatte, in enger Zusammenarbeit mit Cuvilliés eigene Einfälle zu verwirklichen. Die Tendenzen, den Raum zu entgrenzen und das architektonische Strukturgerüst durch die scheinbar ungebundene Dekoration zu überspielen, sind Ideen, die von den Brüdern Zimmermann kurz zuvor bereits in Steinhausen verwirklicht wurden (s. S. 113f.).

Die anschließenden Räume haben teils rechteckige, teils annähernd quadratische Grundrisse. Das Ruhezimmer oder Gelbe Zimmer, mit abgeschrägten inneren Ecken und Alkovennische, ist ähnlich reich dekoriert wie der Große Salon. Das versilberte, auf zitronenfarbenem Grund angebrachte, höchst kunst- und prunkvolle Schnitzwerk der Wände bildet mit den zartblau hinterlegten und auf die weiße Decke übergreifenden silbrigen Stukkaturen ein zartes Gewebe. Zu Seiten der Bettnische sind die Porträts der Auftraggeber, Karl Albrecht und Maria Amalia, beide im Jagdkostüm, aus der Werkstatt Georges Desmarées eingefügt. Im Blauen Kabinett sind wasserspeiende Delphine, kleine Vögel und andere Tiere so eng mit dem aus Bäumen, Gräsern und Rocaillen gebildeten Deckenornament verbunden, dass sie kaum mehr als figürliche Elemente wahrnehmbar sind. Das Jagdzimmer ist wie sein Pendant, das Ruhezimmer, in Gelb gehalten, aber als kleine Galerie ausgestattet. Die Gemälde beziehen sich auf das Gesellschaftsleben des bayerischen Adels und zeigen Darstellungen höfischer Jagden und Feste, in denen der flämische Maler Peter Jakob Horemans die damals übliche Bekleidung detailgetreu wiedergab. Die Bilderrahmen sind nach Art des Rokoko in die hier wiederum versilberte Wanddekoration einbezogen und in zwei Reihen übereinander angeordnet. Im Fasanenzimmer, das Maria Amalie als Schreibkabinett diente, wurden nach Art chinesischer Stofftapeten auf Wandfelder, die mit Leinen bespannt sind, mehrfarbige Ornamente und Fasane gemalt und mit Vergoldungen und Versilberungen bestückt.

Die Hunde- und Gewehrkammer enthält Kojen für die Jagdhunde und Schränke, in denen die Waffen untergebracht waren. Den Raum schmücken dekorative Malereien mit Jagdszenen und -trophäen, ausgeführt in Blau auf weißem Grund. Die Küche im gegenüber liegenden Flügel liegt neben dem einstigen Schreibkabinett der Kurfürstin. Sie besitzt eine kostbaren Ausschmückung. Die Wandverkleidung besteht aus Delfter Kacheln. Die buntfarbigen Fliesen sind zu prächtigen Blumenvasen und Szenen aus dem fernöstlichen Alltag im Stil der chinesischen Vasenmalerei zusammengesetzt. Auch die Holzvertäfelungen und der Plafond wurden von Moretti mit Chinoiseriemalereien in Blau und Weiß verziert. Die Küche stellt damit ein einzigartiges Beispiel für den Einfluss der Chinamode auf die Raumdekoration des 18. Jhs. dar. Ihre Pracht ist vermutlich der Tatsache zu verdanken, dass darin »Frau Kurfürstin selig selbst gekocht hat«, wie man Nannerl und Wolfgang Amadeus Mozart anlässlich ihres Besuches in der Amalienburg 1763 erzählte. Zu ihrem Bestand gehört auch eine neuartige Feuerstelle, eine Erfindung von Cuvilliés. Der »Castrol Herd« (von frz. »Casserole« = Kochtopf) war der erste Herd mit einem geschlossenen Feuerkasten und einer durchlöcherten Herdplatte.

Rokoko

Der Begriff des Rokoko – im Französischen »style rocaille« genannt – leitet sich aus seinem ornamentalen Grundelement, der Rocaille (s. S. 49f.), ab. Wichtig für die Verbreitung des neuen Formenschatzes war das 1734 erschienene Werk »Livres d'ornements en trente pièces« des Pariser Dekorationskünstlers Juste-Aurèle Meissonier (1695–1750). Er war seit 1726 Hofzeichner Ludwig XV. und an der Innengestaltung der Schlösser Choisy und Fontainebleau beteiligt. Bereits um die Mitte der 1730er-Jahre wurde die Rocaille von führenden Münchner Hofkünstlern unter der Leitung von Cuvilliés übernommen und kreativ weiterentwickelt. Der neue Dekorationsstil entsprach den Vorstellungen der Wittelsbacher, die sich im 18. Jh. politisch und ästhetisch stark an Frankreich orientierten. Auch Augsburger Künstler wandelten die französischen Vorlagen phantasiereich ab und verbreiteten ihre neuen Ideen durch Kupferstiche. In Süddeutschland erreichte die neue Ausstattungskunst mit der Amalienburg im Nymphenburger Park, entworfen von Cuvilliés, und der Wieskirche der Brüder Zimmermann einen Höhepunkt. Das Rokoko wurde um 1780 vom Klassizismus abgelöst. Der erste, der den Begriff »Rokoko« verwendete, war angeblich der klassizistische Maler Pierre Maurice Quays (um 1779–um 1803), der 1797 die großen französischen Maler jener Epoche, Antoine Watteau, Jean-Honoré Fragonard und François Boucher, damit verunglimpfen wollte.

GUTE UND SCHLECHTE ZEITEN

In den 1730er-Jahren befand sich Johann Baptist auf dem Höhepunkt seiner beruflichen Karriere. Er wurde mit Aufträgen überhäuft und schuf in Zusammenarbeit mit Cuvilliés und anderen Baumeistern Dekorationen in der Residenz, in Nymphenburg, in städtischen Adelspalais und Landschlössern, in Klöstern und Kirchen, und mit ihnen entwickelte sich das bayerische Rokoko. Wie gut er in dieser Zeit von seiner Kunst leben konnte, beweist allein schon die Verlagerung seines Wohnsitzes: Am 12. März 1734 erwarb er am Rindermarkt um 7.800 fl. »Behausung, Hof und Stallung« des Bürgers und »Knöpfmachers« Anton Scharrer. Selbst für ein Stadthaus war dies ein stolzer Preis. Das Gebäude befand sich gegenüber dem Pfarrhaus von St. Peter in der Nachbarschaft reicher Kaufleute. Es wurde im Zweiten Weltkrieg zerstört. Nach dem Tod seiner Tochter Maria Christina Rosina im Jahr 1739 ließ Zimmermann auf das Haus ein ewiges Jahrgedächtnis für sich und seine Familie in St. Peter verschreiben. Vier Jahre später starb auch der älteste Sohn Johann Joseph und wurde auf dem Petersfriedhof begraben. Der zweite Sohn Franz Michael war seit 1737 mit Maria Margareta Hennenfuß, der Tochter eines Münchener Goldschlägers, verheiratet. Zimmermann hatte für ihn den Hofschutz beantragt, doch diesem Gesuch wurde nicht stattgegeben.

Seit 1741 war Kurfürst Karl Albrecht in den Österreichischen Erbfolgekrieg verwickelt (vgl. S. 86f.). Damit brachen für die bayerische Bevölkerung schwere Zeiten an. Für die bildenden Künstler bedeuteten die Jahre bis zum Friedensschluss 1748 einen drastischen Auftragseinbruch. Da die Klöster und Gemeinden durch hohe Kontributionen schwere finanzielle Belastungen zu ertragen hatten, kamen die meisten Bauvorhaben zum Erliegen. Auch die kurfürstlichen Finanzen waren schon lange zerrüttet, ein Umstand, der jedoch weder Max Emanuel noch Karl Albrecht zu Einsparungen veranlasst hatte. Letzterer hinterließ bei seinem Tod 1745 einen bankrotten Staat. Die Schulden betrugen damals 35 Mio. fl., das Neunfache der jährlichen Einnahmen Kurbayerns. Hauptverursacher dieser Situation war allerdings bereits sein Vater Max Emanuel gewesen, der 1726 Schulden von 27 Mio. fl. hinterlassen hatte.

Johann Baptist konnte in diesem Zeitraum nur wenige Ausstattungen durchführen (z. B. Stuck und Fresken in der Augustiner-Stiftskirche Dietramszell und der Pfarrkirche Emmering) und lieferte daneben eine Reihe von Altären und Gemälden. Doch der Rückgang der Einnahmen führte offensichtlich dazu, dass die finanziellen Reserven der Familie nach einigen Jahren aufgebraucht waren und die Zimmermanns ihren Lebensstil

München, Berg am Laim, St. Michael: Stuck und Hauptfresko mit der Darstellung der ersten Erscheinung des Erzengels Michael von Johann Baptist Zimmermann, 1743/44

einschränken mussten. Am 20. April 1746 erfolgte der Verkauf des großen Anwesens am Rindermarkt um 8.500 fl. an die verwitwete Handelsfrau Maria Caecilia Nocker.

Aus diesen Jahren der Flaute ragt ein Projekt wie ein einsamer Leuchtturm hervor. Es handelt sich um die Ausgestaltung der neu errichteten kurkölnischen Hofkirche (jetzt Pfarrkirche) St. Michael in Berg am Laim, in der Johann Baptist 1743/44 unter Baumeister Johann Michael Fischer den Stuck und, weitgehend eigenhändig, die Deckenfresken schuf. Laut Vertrag vom 31. Januar 1743 erhielt er dafür 1.100 fl. Im Gegensatz zu Steinhausen und der einige Jahre später entstandenen Wieskirche wird die Stuckierung hier von der Architektur bestimmt und hat die Funktion, deren Oberflächen und Kanten zu betonen. Auch die Kuppelfresken in Gemeinderaum, Chor und Altarraum sind mit kräftigen Rahmen versehen und eindeutig abgegrenzt. Das Bildprogramm ist dem Kirchenpatron gewidmet. Über dem Hauptraum malte Zimmermann eine Darstellung des sogenannten »Pfeilwunders« (Abb. S. 63). Die Legende über das Ereignis am Monte Gargano nahe der Stadt Sipont handelt von einem entlaufenen Stier, den sein Herr erst nach langer Suche bei einer Höhle in den Bergen wiederfindet. Als er zornig einen Pfeil gegen das Tier schießt, kehrt sich das Geschoss um und trifft den Mann in die Brust. Die erschrockenen Bürger der Stadt bitten daraufhin ihren Bischof um Rat. Als dieser nun mit Gefolge am Tatort eintrifft, erscheint ihm der Erzengel Michael und erklärt die Höhle zu seinem Heiligtum.

Johann Baptist siedelt alle Szenen des Geschehens innerhalb eines umlaufenden Landschaftsstreifens an. Dadurch distanziert er sie vom Kirchenraum und wirkt dem barocken Illusionsprinzip entgegen. An der Stelle, an der sich im barocken Deckenfresko normalerweise der mit Heiligen besetzte Wolkenhimmel rund um die Glorie befindet, malte er ein blaues Firmament, in dem von der leeren Mitte nur ein mit Puttenköpfen besetztes, strahlendes Wolkenband ausgeht. An dessen unterem Ende ist der hl. Michael mit begleitenden Engeln platziert. Genauso lichterfüllt wie der Erzengel erscheint aber auch die Höhle, der historische Ort, der hier zum Aktionsraum des Göttlichen wurde und so die Mitte der Kuppel in ihrer Bedeutung ablöste.

4 Dominikus – Der »bürgerliche« Zimmermann

Über Ausbildung und Wanderjahre des Dominikus Zimmermann gibt es keine gesicherten Quellen. Seinen beruflichen Aktivitäten zufolge muss er jedoch eine Lehre bei einem Stukateur absolviert und sich dann als Geselle bei einschlägigen Meistern seines Fachs Berufserfahrung angeeignet haben. Berücksichtigt man seinen Werdegang und die Einflüsse, die seine Werke zeigen, spricht viel für Kontakte zur Werkstatt des Johann Schmuzer (1642–1701), dem Klosterbau- und Gipsmeister von Gaispoint, und für eine Lehre bei dem Augsburger Bildhauer und Stuckateur Matthias Lotter (1661–1743), der mit dem Füssener Meister Johann Jakob Herkomer (1652–1717) zusammenarbeitete und den jungen Gesellen dorthin vermittelt haben könnte.

Das Kurfürstentum Bayern befand sich damals in den politisch unruhigen Zeiten des Spanischen Erbfolgekriegs. Kurfürst Max II. Emanuel wollte im Bund mit Frankreich ein bayerisches Königreich auf deutschem Boden errichten. Am 9. September 1702 eröffnete er mit einem Überfall seiner hochgerüsteten Armee auf die Reichsstadt Ulm den »bayerisch-deutschen Krieg« gegen das Reich. Nach seiner vernichtenden Niederlage in der zweiten Schlacht von Höchstädt 1704 wurde die Reichsacht über ihn verhängt und Bayern stand bis zum Frieden von Rastatt und Baden (1714) unter österreichischer Besetzung. In dieser Zeit war das Erwerbsleben eingeschränkt und das Bauwesen ruhte weitgehend. Außerdem befanden sich wehrfähige Männer stets in der Gefahr, zum Kriegsdienst eingezogen zu werden.

Dominikus heiratete am 9. Januar 1708 Theresia Zöpf aus seinem Heimatdorf, die er seit seiner Kindheit kannte. Offensichtlich hatte er sich zu dieser Zeit bereits größere Aufträge gesichert, so dass er schon als 22-Jähriger in der Lage war, einen eigenen Hausstand zu gründen. Als Trauzeugen fungierten sein Onkel und Vormund, der Bäcker Augustin Zimmer-

mann (1652–1725), sowie Andreas Mi(ü)ller von Gaispoint und
Georg Zöpf, offensichtlich ein Verwandter der Braut.

DIE ANFÄNGE ALS »MARMELIERER« IN FÜSSEN (1708–16)

Da es für Dominikus in Kurbayern kaum Verdienstmöglichkeiten gab, dagegen in Schwaben und dem benachbarten Würt-
tembergischen und der Schweiz viel gebaut wurde, zog der Stukateur mit seiner Frau nach Füssen, das damals zum Hochstift
Augsburg gehörte. Sie wohnten anfangs im südwestlich gelege-
nen Vorort Faulenbach, einem uralten Besitz des Benedikti-
nerklosters St. Mang, dessen Name sich auf das hier verlaufende Flüsschen bezieht, das aufgrund seiner Calcium-, Sulfat- und
Schwefel-Quellen charakteristische Dämpfe verbreitet. Schon
zur Römerzeit war es deshalb als Mineral- und Moor-Heilbad
bekannt. Das Dorf wurde 1921 nach Füssen eingemeindet und
bekam 1958 mit der Anerkennung als Kneippkurort die Bezeichnung »Bad« verliehen. Für Dominikus waren sicher insbesondere die Gipsbrüche bei den Faulenbacher Seen und die
Gipsmühle vor Ort von großer Bedeutung, die ganz Süddeutschland mit dem Bindemittel für Mörtel belieferte.

Ab 1710 wohnte die Familie im zweiten Viertel der Stadt Füssen. Fünf Kinder wurden hier geboren. Das Säuglingsalter über-
lebten nur drei von ihnen: Johann Georg (getauft am 21. April
1710), der 1734 in das Prämonstratenserkloster Schussenried
eintrat und 1753 als Pfarrer in Mariazell (heute Eberhardzell,
Lkr. Biberach) starb, Anna Justina (1713–33), die bereits als
20-Jährige in Landsberg einer Krankheit erlag, und Franz Dominikus (getauft am 5. August 1714), der später als Stuckateur in
Steinhausen und Buxheim an der Seite seines Vaters arbeitete.

Dominikus war die ersten Berufsjahre vorwiegend als Altar-
bauer tätig. In dieser Zeit entwickelte er ein besonderes Geschick in der Herstellung von Stuckmarmor. Er stand in enger
Beziehung zu dem vielseitig talentierten Johann Jakob Herkomer, einem erfolgreichen Baumeister, Stuckateur, Bildhauer
und Maler. Nicht nur sein Werdegang, seine frühen Aufträge
und die künstlerischen Einflüsse, sondern auch die Kontakte

zu dessen Mitarbeiterstab weisen darauf hin. So bestanden z. B. freundschaftliche Bande zu Stephan und Anna Fischer, für deren drei in Füssen getaufte Kinder Theresia Zimmermann als Patin verzeichnet ist. Fischer war für Herkomer in der Klosterkirche St. Mang neben Matthias Lotter (dem mutmaßlichen Lehrmeister von Dominikus), Thomas Seitz und Paul Geyr tätig. Sein aus Faulenbach stammender Neffe Joseph Fischer (1704–71) dürfte einen noch engeren Bezug zu Dominikus gehabt haben, denn im Werk dieses später sehr gefragten bayerisch-schwäbischen Meisters trifft man auf eine ganze Reihe qualitätvoller Stuckmarmor-Altäre, die Merkmale der frühen Arbeiten Zimmermanns nachahmen.

Stuckmarmor

Stuckmarmor gab es schon in der Spätantike, jedoch fällt die Blütezeit dieser Technik in das 17. und 18. Jh. Es handelt sich um eine aufwändige Methode zur Imitation von Marmor auf Stuckbasis. Zur Herstellung werden ungebranntes Gipsmehl, Sumpfkalk, Marmormehl und Alabaster mit Leimwasser (z. B. Knochen- oder Perlleim) versetzt, portionsweise mit kalkechten Pigmenten eingefärbt und durchgeknetet. Letzteres dauert längere Zeit, da das Ganze langsam abbindet und der Leim den Vorgang verzögert. Die unterschiedlich gefärbte Masse wird in Strängen nach dem Vorbild echten Marmors ineinander gefügt, verdreht und zum sogenannten Marmorbrot oder -kuchen gepresst. Letzteres schneidet man in 1 cm dicke Scheiben und bringt sie auf das Mauerwerk (oder eine andere Unterlage) auf. Wenn die Masse ausgehärtet ist, wird sie grob geschliffen, Fehlstellen ausgespachtelt und die Oberfläche mit immer feiner werdenden Schleifsteinen bearbeitet. Anschließend muss mit einem Gemisch aus dünnflüssigem Gips und Leimwasser ausgeschlämmt und der Feinstschliff vorgenommen werden. Abschließend wird mit einem Polierstein (z. B. Achat oder Hämatit) unter leichtem Druck verdichtend poliert.

Trotz der mühsamen Prozedur bevorzugten einige Baumeister Stuckmarmor, denn dadurch entfiel der zeitaufwendige Abbau und Transport von Steinen und die Masse konnte vor Ort hergestellt werden. Außerdem lassen sich damit Farb- und Musterspiele erzeugen, die der natürliche Marmor nicht bietet (z. B. besondere dramatische künstlerische Effekte der Färbung, wie blauer Marmor mit ockergelber Äderung), und es lassen sich beliebig große und individuell zugeschnittene Werkstücke formen. Das Material hat jedoch auch einige Nachteile: Es ist nicht so hart wie echter Marmor (eignet sich daher z. B. nicht für stark beanspruchte Treppenbeläge) und ist nicht wetterfest, da Leim und Gips wasserlöslich sind. Gegen Ende des 19. Jhs. kam Stuckmarmor aus der Mode.

Herkomer widmete sich ab 1701 v. a. dem Kloster und der Kirche der Benediktiner von St. Mang in Füssen. Es gelang ihm, die seit ihren Anfängen unregelmäßig gewachsene Klosteranlage in einen repräsentativen, symmetrisch angeordneten Baukomplex zu verwandeln, dessen Zentrum der Festsaal bildete. Die mittelalterliche Basilika gestaltete er nach venezianischen Vorbildern in eine Barockkirche um, die ganz der Verehrung des hl. Magnus gewidmet war. Im Rahmen dieses großen Bauprojektes lieferte Dominikus u. a. einen Kamin aus Stuckmarmor für das Schlafzimmer des Abtes, geschmückt mit einer Scagliola-Kartusche.

FRÜHE ALTARBAUKUNST

Erste selbständige Arbeiten Dominikus' sind ab 1707 dokumentarisch gesichert. Die Benediktiner in Fischingen (Kanton Thurgau, Schweiz) bestellten bei ihm sechs Altäre, die für deren neue Wallfahrtskapelle, einen zu Ehren der Lokalheiligen Idda 1704 errichteten Rundbau, bestimmt waren. Anfangs wollte das Kloster sie aus Stein gefertigt haben, entschied sich dann aber für die wirtschaftlichere Variante aus Stuckmarmor. Am 31. Oktober 1707 unterschrieb der 22-Jährige den Vertrag über einen der Seitenaltäre zum Preis von 150 fl. Ein halbes

Kloster Fischingen: Scagliolabild (Detail) am Sockel des Josephaltars in der Iddakapelle von Dominikus Zimmermann, 1708/09

Jahr später folgte der Kontrakt über den »vornembsten Altar«, den Hochaltar, für 200 fl. Honorar. Dominikus hinterließ im Scagliola-Bild an der rechten Säulenbasis seine Signatur »Dominicus Zimerman Anno 1709«. Auch die anderen für die Iddakapelle vorgesehenen Altäre wurden mit Einlegearbeiten aus Stuckmarmor verziert. Seine ebenfalls für das Jahr 1709 gesicherte Tätigkeit in der ehemaligen Kartause Buxheim (jetzt Salesianerkloster), wo er zusammen mit seinem Schwager Dominikus Gebhardt und mit Benedikt Zöpf u. a. die Stuckierung der Marienkapelle übernahm, beweist, dass er damals bereits Mitarbeiter aus seiner Verwandtschaft und dem Wessobrunner Umfeld beschäftigte.

Für die vier 1712 in die Wallfahrtskirche zum »Herrgöttle von Biberbach« (Lkr. Augsburg) gelieferten Stuckmarmor-Altäre mit prachtvollen Scagliola-Antependien erhielt er bereits über 700 fl. Am dortigen Scapulieraltar benannte er sich als Urheber mit folgender Inschrift: »Dominicus Zimerman A 1712 Stockhador und Marmolier.« Der ein Jahr später für die Stadtpfarrkirche St. Emmeram in Wemding (Lkr. Donau-Ries) hergestellte Sebastiansaltar trägt die Signatur »Dominicus Zimerman Stockhador gebirdig v. Wesenbrun: Won in Fiessen A: 1713«. Mit Vorliebe hinterließ er den Hinweis auf seine Autorenschaft in den Scagliola-Bildern, wohl um sich damit nachdrücklich als Meister dieser Kunst zu präsentieren – so auch bei dem 1715 geschaffenen Hochaltar der St. Anna-Kirche in Birkland-Aich (bei Peiting), in dessen rechtem Sockelbild zu lesen ist: »Dominicus: Zimerman. Gebirdig.von.Wesobrun. Anno 1715«.

Scagliola – Intarsien aus Stuckmarmor

Die noch nasse Stuckmarmorschicht (s. »Stuckmarmor«, S. 67f.) wird an der Stelle, an der das Bild platziert werden soll, ausgeschnitten. Auf feuchtem, meist schwarzem Grund werden die dünneren, verschieden gefärbten Teilchen aus Stuckmarmor, die in der Zusammensetzung die Darstellung ergeben, eingefügt. Auf diese Weise entstehen Bilder, meist in Form von Medaillons, mit Landschaften, Tieren, Pflanzen, Wappen und Monogrammen. Dominikus Zimmermann fertigte inhaltlich alle Arten von Scagliola-Bildern; eine Vorliebe hatte er für Blumenvasen auf schwarzem Grund, die er bevorzugt an den Sockeln der Säulen und Unterbauten der Altäre platzierte (s. Rosenkranzaltar, Landsberg, Abb. S. 73).

Bei den Scagliola-Bildern, auf die sich Dominikus schon in den ersten Berufsjahren spezialisierte, handelte es sich quasi um ein Nebenerzeugnis seiner Stuckmarmor-Produktion. Die Technik, die ihnen zugrunde liegt, war damals in Bayern nicht weit verbreitet und wurde vorwiegend von den Hofkünstlern praktiziert. Dominikus' Einlegearbeiten bestechen durch die reizvolle Vielfalt und Detailgenauigkeit, mit der er Pflanzen und Landschaften charakterisierte. Blüten und Gräser sind dabei oft so genau getroffen, dass sie sich botanisch bestimmen lassen. Die Anregung dazu könnte er sich aus St. Lorenz in Kempten geholt haben, wo 30 Jahre zuvor eine unbekannte Meisterin kunstvolle Tafeln mit Landschaften, Architekturen und Blumenranken auf schwarzem Grund für das dortige Chorgestühl und den rechten Seitenaltar geschaffen hatte.

Während Zimmermanns Aufenthalt in Füssen gelangen Herkomer mit dem Umbau der St.-Moritz-Kirche (1714/15) und der Hl.-Kreuz-Kirche (ab 1716) in Augsburg weitere bedeutende Modernisierungen im Stil der Zeit. Den Neubau der Klosterkirche für die Benediktinerabtei Fultenbach, die Stadtpfarrkirche St. Jakob in Innsbruck und die Krippkirche St. Nikolaus in Füssen konnte er jedoch nicht mehr selbst abschließen. Diese Arbeiten musste sein Neffe Johann Georg Fischer übernehmen, der als Palier (Vorarbeiter) seit über 15 Jahren eng in den Betrieb eingebunden war.

Die Klosterkirche in Fultenbach – Kirche und Kloster wurden 1811 leider abgerissen – war bis zum Dach fertiggestellt, als Herkomer am 27. Oktober 1717 im Kloster St. Mang starb; aber es fehlte noch der gesamte Innenausbau. Mit Unterstützung des Füssener Abtes Dominikus Dierling wurde Fischer vom Fultenbacher Abt Magnus Schmid als Baumeister akzeptiert und konnte für die weitere Ausstattung die zuvor schon für Herkomer tätigen Mitarbeiter verpflichten: die Stuckateure Melchior Paulus, Matthias Lotter, Dominikus Zimmermann und Johann Jakob Herkomer d. J., einen Neffen des Verstorbenen. Für die Füssener Krippkirche, die ebenfalls von Fischer vollendet wurde, fertigte Dominikus den Hochaltar aus Stuckmarmor. Seine Konstruktion mit einem schlanken Mittelteil, anschließenden Figurennischen und abschließenden Halbsäulen füllt bereits die ganze Chorwand – ein Prinzip, das er bis zum fulminanten Hochaltar der Wieskirche weiterentwickeln sollte. Wie sein Vorbild Herkomer setzte er die weißen Teile der Kapitelle, Festons, Engel und Putti zum farbigen Stuckmarmor in Kontrast. Von Herkomer dürfte er sich auch die spezielle ornamentale Verwendung von Säule und Gebälk abgeschaut haben, die jener in Stein ausführte, Dominikus dann in Stuckmarmor nachahmte.

Insgesamt werden ihm für seine ersten Schaffensjahre bis zum Umzug nach Landsberg rund 25 Stuckmarmoraltäre zugeschrieben. Daher ist es nicht verwunderlich, dass er für seine Zeitgenossen in Füssen v. a. als Meister dieser Technik in Erinnerung blieb. Das verdeutlicht auch eine Bemerkung des Abtes Dominikus von St. Mang, der 1717 an seinen Kollegen in Kloster Fultenbach schrieb: »Von Herrn Dominico Zimmerman habe in Stuckhador arbeith nichts gesehen. In dem marmorieren ist er aber gutt.«

ERSTE HINWEISE AUF DIE ZIMMERMANN'SCHE »ORNAMENTARCHITEKTUR«

Ein typischer Vertreter der Altarbaukunst, wie sie Dominikus seit den ersten nachgewiesenen Arbeiten für Fischingen anfertigte, ist der Rosenkranzaltar für die Stadtpfarrkirche in Landsberg. Er wurde 1721 von Pfarrer Hagenrainer zur Säkularfeier der Rosenkranzbruderschaft gestiftet. Sein Grundgerüst bilden die flankierenden schräg gestellten Säulenpaare zu Seiten der berühmten Madonna von Hans Multscher in der Altarnische, die von Sprenggiebelteilen bekrönt wird. Dazwischen befindet sich ein frei eingehängter Altarauszug mit dem weißen Brustbild Gottvaters im Auszug. Die Sockel der Säulen sind gerahmt mit Bandwerk-Voluten in der »Zimmermann'schen Ohrenform« mit Ausbauchungen, die umgedreht wieder in der Giebelzone erscheint. Das Gebälk wird mit hoch geknicktem Profil durchgezogen. Als reizvolle Verzierungen wurden Scagliola-Bilder in den Sockelbereich und in die Antependien eingefügt. Die Verkröpfungen der Sockel- und Gebälkzone sind zu räumlichen Bewegungen mit ornamentalen Profilen geworden. Letztere sind vielfach gestuft, die Voluten scharf geschnitten und eng gedreht. Gebauchte Sockel und Kämpferteile, in C-Bogen aufgelöste Auszugs-Bekrönungen, über Verkröpfungen verlaufende Einbindung der schräggestellten Säulen in den Altar: Das sind die wiederkehrenden Motive bei

Landsberg, Stadtpfarrkirche: Rosenkranzaltar von Dominikus Zimmermann, 1721

den Altären von Dominikus. Nicht der einzelne tektonische Bestandteil – Sockel, Säule, Kämpfer, Volute –, sondern deren durch die ornamentale gemeinsame Oberfläche entstandener Zusammenhang bestimmt das Bild des Altars; es sind insgesamt große, in ornamentalen Kurvierungen modellierte Kartuschen.

Wesentliche Elemente der späteren Bauwerke Dominikus' kündigen sich bereits in seinen frühen Altarwerken an. Den Säulen kommt hier keine tektonische bzw. stützende Funktion mehr zu. Sie dienen nur noch als dekorativer Rahmen für das Altarzentrum. Ihre Sockel sind oft plastisch verformt und durch Felder aufgeschnitten, die in Scagliola-Technik verziert wurden. Das Gebälk befindet sich in mehr oder weniger starker Auflösung. Der Auszug besteht aus aneinandergereihten C-Schwüngen, die durch kurze Gesimse miteinander verbunden sind. Es entsteht ein Gefüge von vielfach getreppten Profilen, die sich oft zu engen Volutenschnecken einrollen, wobei C-Bögen und Kurvenstücke den Aufbau leisten. Die Altarrückwand kann sich mit den seitlichen Blenden aus der Ebene nach vorne lösen oder in Voluten ausschwingen. So entsteht eine Säulen-Gebälk-Architektur, die ornamental vor die Wand modelliert ist.

GESELLSCHAFTLICHER AUFSTIEG IN LANDSBERG (AB 1716)

Nach dem Friedensschluss im Jahr 1714 gab es in Kurbayern im Bauwesen einen enormen Nachholbedarf. Dieser Umstand dürfte dazu beigetragen haben, dass Dominikus mit seiner Familie von Füssen nach Landsberg am Lech übersiedelte. Er bewarb sich im Sommer 1716 um das Bürgerrecht. Man kam darin überein, die teure Aufnahmegebühr von 64 fl. (+ 5 fl. für die »Kriegs-Cassa«) mit seinen Arbeiten, die er im Rathaus der Stadt ausführen sollte, zu verrechnen. Am 4. Dezember desselben Jahres kaufte er dann um 830 fl. die »märdlpergerische Behausung« am Hauptplatz, Hausnummer 13. Dass er sich dieses teure Anwesen leisten konnte – wenn man bedenkt, dass ein Handlanger damals ¼ fl. am Tag verdiente! –, ist ein Beweis für seine florierende Werkstatt.

Schon einen Monat zuvor, am 25. Oktober 1716, wurde seine Tochter Maria Franziska in Landsberg zur Taufe getragen. Bei ihr und dem noch folgenden Nachwuchs übernahmen der Bierbrauer Franz Xaver Kloz und Maria Franziska, die Tochter des Stadtsyndikus und kurfürstlichen Hofadvokaten Johann

Joseph Hagenrainer, beide Mitglieder angesehener Bürgerfamilien, die Patenschaft.

Insgesamt wurden der Familie in Landsberg noch sechs Kinder geboren. Johann Nikolaus erhielt am 9. September 1718 die Taufe. Zwei folgende Söhne erlagen frühzeitig den Pocken: Ignaz Philipp Jakob mit fünf Jahren (getauft 23. 4. 1720, † 21.11.1725) und Franz Xaver Simon mit sechs Jahren (getauft 25.10.1723, † 24.4.1730). Zwei Babys starben bereits kurz nach ihrer Geburt: Maria Theresia (getauft 17.4.1722) und Karl Benedikt (getauft 17.2.1725). Am 26. September 1733 starb die 20-jährige Anna Justina an Fieberkrämpfen. Nachdem 1725 zwei ihrer Kinder im selben Jahr zu Tode gekommen waren, erwarben die Zimmermanns auf dem Friedhof der Stadtpfarrkirche eine Familiengrabstätte.

Kurz nach seinem Umzug sorgte Dominikus für die Ansiedlung des Wessobrunner Stuckateurs Nikolaus Schütz, der in der Folgezeit sein wichtigster Mitarbeiter wurde. Auf Zimmermanns Fürsprache hin erhielt er 1717 das Bürgerrecht und heiratete im gleichen Jahr Helena Settele, die Tochter eines örtlichen Maurermeisters, die ihren Hausbesitz am Hinteren Anger mit in die Ehe brachte. Zimmermann fungierte als Trauzeuge und wurde in den Pfarrmatrikeln als »Stukhator und Marmelier allhier« verzeichnet. Die enge Beziehung blieb auch die folgenden Jahre bestehen. Dies zeigt sich z. B. durch die Patenschaft der »Theresia Zimmermännin« bei der Taufe von Schütz' Sohn Franz Xaver 1724. Die Archivalien verzeichnen den »Ballier (= »Pa(r)lier« – heute »Polier«) Niclas Schütz von Landtperg« erstmals als Bauleiter Zimmermanns bei der Stuckarbeiten im Festsaal von Neresheim (Ostalbkreis, Baden-Württemberg) 1719, später u. a. als »primier stuccador« (in Steinhausen) und zuletzt 1756/57 in der Pfarrkirche St. Ulrich in Eresing (Lkr. Landsberg a. L.). Neben den Zimmermann'schen Baustellen arbeitete Schütz auch selbständig als Stuckateur und Baumeister in der Schweiz und Schwaben, ab Ende der 1740-er Jahre auch in der Heimatregion. Dabei findet man im Formvorrat seiner Ornamente und architektonischen Elemente etliche Parallelen zur Handschrift seines Meisters.

Dominikus engagierte sich in zahlreichen Ämtern der Stadt Landsberg. Sein gestiegenes öffentliches Ansehen zeigt sich in seiner Wahl zum Mitglied des Inneren Rates und Leprosenpfleger im Jahr 1734. Bei Letzterem handelte es sich um die Verwaltung einer frommen Stiftung, die das außerhalb der Stadt gelegene Leprosenhaus für Aussätzige unterhielt. Ende des Jahres 1746 wurde ihm auch die Stelle eines »kurfürstlichen Aufschlagseinnehmers« übertragen. Ab 1748 gehörte er zum Kreis der vier Bürgermeister, die sich in vierteljährigem Turnus abwechselten. Dazu kam noch die Tätigkeit als »Handwerkskommissarius«, in deren Rahmen er die wichtigsten Versammlungen und Vorgänge in den Zünften, wie z. B. die Annahme der Lehrlinge und die Prüfung der Meisterstücke, überwachte. Da ihm all diese Verpflichtungen später zu viel wurden, wandte er sich 1750 an das kurfürstliche Rentamt in München mit der Bitte um Entlassung als Bürgermeister. Von offizieller Seite her hatte man Verständnis für seinen Antrag, doch die Landsberger wollten nicht auf den mittlerweile sehr geschätzten Baumeister verzichten. Bis 1753 musste er weiter in diesem Amt, dessen Übernahme für den Bürger verpflichtend war, agieren und dabei noch so manchen damit verbundenen Ärger in Kauf nehmen.

EINE TIEFGLÄUBIGE FAMILIE

Vieles deutet darauf hin, dass der katholische Glaube in der Familie von Dominikus und Maria Theresia Zimmermann eine sehr wichtige Rolle spielte. Beide waren Mitglieder mehrerer frommer Vereinigungen und drei ihrer Kinder verschrieben sich einem geistlichen Stand.

Maria Theresia trat bereits 1717, kurz nach ihrer Ankunft in Landsberg, ihr Mann acht Jahre später der Erzbruderschaft vom Heiligen Rosenkranz bei. Die Mitglieder trafen sich wöchentlich zum Rosenkranz und einmal im Monat zur feierlichen Prozession in der Stadtpfarrkirche. Zum 100-jährigen Jubiläum der Gemeinschaft lieferte Dominikus 1721 einen neuen prächtigen Bruderschaftsaltar. Der Meister wurde 1728 auch »Einverleibter« der St. Sebastiansbruderschaft, die dem Stadtpatron Landsbergs gewidmet war und der nur Männer angehören durften. Sie hatten wie ihr Patron die Aufgabe, die Stadt vor Krieg, Pest und anderen großen Gefahren zu beschützen und waren angehalten, alle Laster zu meiden. Besonders engagierte sich Dominikus in der 1730 gegründeten Johann-Nepomuk-Bruderschaft, bei der er im Vorstand mitwirkte. Dem weiblichen Zweig, der 1737 eingerichtet wurde, gehörte auch seine Frau an. Eine Regel des frommen Vereins verbot den Mitgliedern üble Nachrede und Geschwätz im Hinblick auf den hl. Johann Nepomuk, der ja laut Legende standhaft das Beichtgeheimnis wahrte. 1735 wurde die »Vom-Guten-Tod-Bruderschaft« in der Hl. Kreuzkirche in Landsberg gegründet, die sofort großen Zulauf hatte. Von der Familie Zimmermann, der bis dahin sieben Kinder gestorben waren, sind als Mitglieder Maria Theresia und deren Tochter Maria Franziska nachgewiesen. Die Tochter ist sogar als »Gutthäterin« verzeichnet, die eine größere Spende (vielleicht später anlässlich ihrer Wahl zur Äbtissin) tätigte.

1734 trat Zimmermanns ältester Sohn Johann Georg mit 24 Jahren in das Prämonstratenserkloster Schussenried ein. Der Vater stand seit 1727 in beruflichem Kontakt zu dem Konvent und hatte von dessen Abt Didacus Ströbele den Auftrag für die Wallfahrtskirche Steinhausen erhalten. Auch der dritte Sohn Johann Nikolaus strebte das Priesteramt an, starb jedoch noch vor seiner Weihe. Für die einzige dem Ehepaar verbliebene Tochter, Maria Franziska, erreichte Dominikus die Aufnahme in das nur einige Kilometer westlich der Iller an der Rot gelegene, adelige (!) Zisterzienserinnenkloster Gutenzell. Sie trat mit 20 Jahren als Novizin ein und legte zwei Jahre später, 1739, ihre Gelübde ab. Dominikus vereinbarte mit Äbtissin M. Bernarda von Donnersperg in dem Aufnahmevertrag vom 7. Juli 1737, dass er »als renomierter Bau-Verständiger« anstelle der üblichen Mitgift von 1.000 fl. für seine Tochter die gotische Klosterkirche unentgeltlich mit »Stockhedor arbaith« renovieren sollte. Da es jedoch aufgrund der unsicheren politischen Lage nicht dazu kam, bezahlte er bei der Profess den genannten Betrag.

Am 29. August 1759 sollte seine Tochter als erste Person bürgerlicher Abstammung zur Abtissin dieses vornehmen

Klosters gewählt werden. Sie leitete es bis zu ihrem Tod 1776. Da Gutenzell bis zur Säkularisation 1803 den Status eines Freien Reichsstifts hatte und somit nur dem Kaiser unterstand, hatte Maria Franziska damit auch das Recht auf einen Platz unter den schwäbischen Prälaten im Fürstenrat des Reichstags zu Regensburg.

ERSTE WERKE DES BAUMEISTERS

Allgemein gilt, dass die Ausbildung vieler bedeutender Architekten im 18. Jh. oft ungeklärt bleibt. Der Werdegang in dieser Berufssparte war damals auf sehr verschiedene Weise möglich. Einen Parallelfall zu Dominikus Zimmermann stellt sein Zeitgenosse, der bedeutende bayerische Kirchenbaumeister Johann Michael Fischer (1692–1766), dar. Er stammte ebenfalls aus einer ländlichen Maurerfamilie und ließ sich nach Wanderjahren in Böhmen, Mähren und Österreich als Meister in München nieder. Wo und durch wen er jedoch exakt die ausschlaggebenden Anregungen erhielt, nachfolgend seine großartigen Sakralräume zu schaffen, ist weitgehend unbekannt.

Zimmermann hatte wohl schon in seiner Jugend die Möglichkeit, durch den Wessobrunner Johann Schmuzer mit der Baukunst in Berührung zu kommen. Dieser entwarf, errichtete und stuckierte mit seiner Werkstatt zahlreiche Kirchen und Kapellen im unmittelbaren Umfeld der Zimmermann-Brüder. Er war auch oft in enger Zusammenarbeit mit den Vorarlberger Baumeistern bis nach Oberschwaben und im Bodenseegebiet tätig. Während seiner ersten Aufträge in der Schweiz hatte Dominikus auch selbst reichlich Gelegenheit, die Leistungen der Vorarlberger vor Ort kennenzulernen, die er dann frei weiterentwickeln sollte.

In seinem ersten Wirkungskreis in Füssen diente ihm Johann Jakob Herkomer als Vorbild. Von ihm, der während zweier langjähriger Aufenthalte in Italien intensiv die Renaissancearchitektur des Veneto, Bauten Andrea Palladios und Kreuzkuppelkirchen studiert und später in seinen Entwürfen und Bauwerken verarbeitet hatte, finden sich bei Zimmermann eine Reihe von Einflüssen. Herkomer regte ihn zur Auseinandersetzung mit dem Ovalraum an und war vielleicht der Auslöser für eine Entwicklung, die dann über die Kirchen in Steinhausen und Günzburg bis zur Wies führte. Auch die graphisch-ornamentale Behandlung der Wandflächen hat eine Wurzel in den Herkomer'schen Wandaufriss-Systemen (z. B. in Sießen). Nicht zuletzt stammen die venezianischen Thermenfenster (= dreigeteilte Halbkreisfenster), die Dominikus in mehreren Abwandlungen verwendete, von Herkomer. Zimmermann experimentierte sehr frei mit allen Anregungen, die ihm jener vermittelt hatte.

Gemeinsam mit seinem Bruder schuf Dominikus zunächst verschiedene Stuckdekorationen, beteiligte sich z. B. 1716 an dessen Arbeiten in Ottobeuren. Im selben Jahr trat er auch erstmals als Architekt in Erscheinung. Priorin Magdalena vom Stein zum Rechtenstein aus Kloster Maria Medingen war die erste einer ganzen Reihe von Dominikanerinnen, für die Dominikus später arbeitete. Der 31-Jährige entwarf für sie eine große Vierflügelanlage. Die Realisierung des Nordtrakts, in dem die Kirche untergebracht war, wurde zuerst in Angriff genommen. Im Herbst 1718 war das Gotteshaus so weit vollendet, dass man es benutzen konnte. Sein Äußeres zeigt bereits charakteristische Merkmale: Über der feinen Rustika-Bänderung im Erdgeschoss folgen zwei Obergeschosse, die durch sehr flache Pilaster in Kolossalordnung zusammengefasst sind. Die Fenster im 1. Stock schmückt breites Bandwerk-Ornament; dagegen haben jene im 2. Stock einen für Dominikus typischen dreipassförmigen oberen Abschluss. Basen und Kapitelle der Pilaster sind nur noch schmückendes Beiwerk. Die ganze Fassadengliederung ist wie ein Ornamentmuster gestaltet. Für die Stuckdekoration des Innenraums verwendete Dominikus eine Mischung aus modernen und gängigen Ornamentformen, indem er originelles Régence-Bandwerk mit Blattwerk, Girlanden und Ranken kombinierte. Sein Bruder Johann Baptist führte 1718 das Freskenprogramm aus. Er wendet hier noch den Malstil seiner frühen Werke an (vgl. Schliersee, Abb. S. 21). Der Klosterkomplex wurde vorerst mit drei Flügeln von Dominikus mit seinen Gehilfen bis 1725 fertiggestellt und erst in den 1750er-Jahren vollendet.

Maria Medingen: Blick von Nordwesten auf den Nordtrakt mit Nonnenchor und Kirche; Bau von Dominikus Zimmermann, 1716–21

Bei seinem ersten Auftrag als Baumeister in Landsberg sollte Dominikus das von Johann Schmuzer noch kurz vor dessen Tod 1701 vollendete Rathaus am Hauptplatz aufstocken sowie innen und außen mit Stuck schmücken. Ab 1718 arbeitete er an der Stuckierung des Festsaales und des dazugehörigen Vorraumes. Seine Ideen für die Fassade, die er ein Jahr später in einem Entwurf vorlegte (Abb. S. 83), wurden fast alle akzeptiert. Schon mit 35 Jahren gelang ihm damit ein wichtiges Prestigeobjekt. Dominikus schuf eine repräsentative Giebelfront, deren architektonische Gliederung bereits größtenteils vom Stuckornament übernommen wird. Die Grundlage bildet das moderne Bandwerkdekor. Es setzt hier über dem schmucklosen Erdgeschoss mit den drei Rundbogenportalen ein, ist als Füllornament verwendet, überzieht aber auch die Kanten und Flächen der Architekturglieder. Die breiten Schlingen, die wie eine eigene Reliefschicht wirken, werden phantasievoll gekreuzt und mit floralen und gegenständlichen Motiven kombiniert. Das zweite und dritte Stockwerk wird durch nach außen geknickte, von Putti getragene und mit Ornament dicht besetzte Pilaster zusammengefasst. Im Obergeschoss verläuft ein Stuckprofil, über drei Fenster hoch geführt, und bringt an dieser Stelle ornamentale Bewegung in die Fassade. Insgesamt nimmt die Plastizität nach oben hin zu. Unter den Fenstern sind Reliefs vorbildlicher antiker Helden und Frauen aus dem Alten Testament angeordnet. Der Giebel ist durch kräftiges Wandrelief, eine mittlere Muschelnische, Stuckfiguren, Vasen und einen Obelisken im Sprenggiebel ausgezeichnet. Die Nische ist besetzt mit Personifikationen der christlichen Tugenden »Hoffnung« (mit Anker) und »Liebe« (mit Herz), ergänzt durch den »Glauben«, auf den das mittige Kreuz verweist. Sie halten einen Siegeskranz über das Landsberger Stadtwappen, gebildet aus dem Kreuz auf dem Dreiberg. Darüber ist das kurfürstliche Wappen angeordnet. Der Obelisk an der Spitze dient als Symbol der Standfestigkeit. Insgesamt verkündet das Bildprogramm der Rathausfassade den Ruhm des Landesherrn und der Stadtregierung und ist ein Appell an tugendhaftes Handeln (Abb. S. 84).

Band(e)(l)werk – Eine Ornamentform

Beim Bandwerk, auch Bandel- oder Bandlwerk genannt, handelt es sich um ein gitterartiges, meist symmetrisches Ornament, das besonders im ersten Drittel des 18. Jhs. gebräuchlich war und zur Flächenfüllung, z. B. an Friesen, Kapitellen, Gurtbögen und Fensterlaibungen, Verwendung fand. Es hat Ähnlichkeit mit den Rankenornamenten (Arabeske, Akanthus), doch werden die blättrigen Ranken durch feine geschwungene Bänder, die Bandeln, ersetzt, die vielfältige Brechungen, Überschneidungen und Voluten-Einrollungen haben und mit Laubwerk zum »Laub- und Bandelwerk« kombiniert sein können. Seinen Ursprung hat diese Ornamentform in der französischen Kunst – ein berühmter Dekorateur war z. B. Jean Bérain d. Ä. (1637–1711) –, deren Entwürfe durch Vorlagenstiche, v. a. durch die Augsburger Kupferstecher, verbreitet wurden.

Gleichzeitig mit dem Rathaus betreute Dominikus eine weitere Baustelle in Landsberg. Die Ursulinen hatten sich 1719 in der Stadt niedergelassen, um hier eine Ausbildungsstätte für die weiblichen Jugend zu schaffen. Sie beauftragten ihn mit der Errichtung ihres neuen Klosters mit Kapelle. Bei der Kirchweihe am 28. Oktober 1725 erhielten die beiden Töchter Zimmermanns, Anna Justina und Maria Franziska, durch den Augsburger Weihbischof Johann Jakob von Mayr die Firmung. Die Kapelle, deren Aussehen nicht bekannt ist, musste bereits 40 Jahre später einem Neubau weichen. Zimmermanns Pläne für das Kloster wurden nie verwirklicht. Seit 1845 gehört die Anlage den Dominikanerinnen.

Ähnlich wie Herkomer, sein Vorbild aus den Füssener Anfangsjahren, scheute Dominikus auch nicht davor zurück, bei Gelegenheit selbst den Pinsel in die Hand zu nehmen. Der umfangreichste Zyklus an Deckenfresken sowie eine ungewöhnliche Serie von Kreuzwegbildern von seiner Hand, entstanden 1724, befinden sich in der St. Leonhardskirche von Baiershofen (Gde. Altenmünster, Lkr. Augsburg). Sie gehörte damals zum Kloster Fultenbach, für das er schon früher tätig gewesen war.

DAS EXPERIMENTIERFELD DER »LICHTARCHITEKTUR«

Nach dem Bau der Wallfahrtskirche Steinhausen (s. S. 102ff.) entwickelte Dominikus die Charakteristika seines Stils kontinuierlich weiter und schuf helle, heitere Kirchenräume, in denen sich einzelne Motive und Farben nicht mehr generell einer vereinheitlichten Raumgestaltung unterordnen, sondern ein stärkeres Eigenleben beanspruchen. Eine seiner wichtigsten Schöpfungen, die entwicklungsgeschichtlich zwischen Steinhausen und der Wies steht, ist die Frauenkirche in Günzburg. Sie wurde beim Stadtbrand am 8. Mai 1735 völlig zerstört und von Zimmermann unmittelbar danach neu errichtet. In diesem Bau kam er zu originellen Lösungen, die er dann in der Wies zur Vollendung brachte. So verfügt z. B. der langgestreckte Chor, der im unteren Bereich geschlossen ist, im oberen Bereich bereits über eine durchlichtete Empore mit

Landsberg, Rathaus: Entwurf Dominikus Zimmermanns für die Fassadendekoration, 1719

Landsberg, Rathaus: Im Giebel der Fassade findet sich die Jahreszahl 1719, darüber das kurbayerische Wappen; Dominikus Zimmermann, 1718–20

Anschluss zum Hochaltar. Ein Vorbild für Dominikus waren in dieser Hinsicht sicher die Emporenchöre der Vorarlberger Barockbaumeister. Spätestens bei der Lieferung seiner Altäre nach Biberbach (1712, s. S. 70) konnte er sie kennengelernt haben. Valerian Brenner, der aus dem Bregenzerwald in Vorarlberg stammende Baumeister der dortigen Wallfahrtskirche, der übrigens vor seinem Tod 1715 fast 40 Jahre lang in Günzburg ansässig gewesen war, schuf typische Anlagen dieser Art.

Im Vergleich zu Steinhausen hat Zimmermann hier im Chor der Frauenkirche die Zweischaligkeit der Wand noch weiter vorangetrieben, indem er den belichteten Umgang nach oben ausweitete. Im Hauptraum dagegen musste er wohl aus Kostengründen auf freistehende Säulen verzichten, deshalb entschloss er sich zu einem ovalen Saal mit vollrunden Säulenvorlagen. Sie tragen ein massives, verkröpftes Gebälk. Die Wölbung setzt aber nicht darüber an, sondern steigt aus der Wand dahinter empor, so dass die Säulen wie freistehend wirken. Daraus resultiert jedoch eine verminderte Stützmöglichkeit für die Decke. Dominikus führte daher das weite Gewölbe nicht mit Steinen aus, sondern legte eine Holzkonstruktion an – ein Vorgehen, das er in der Wieskirche perfektionieren sollte.

Während Dominikus am Neubau der 1740 abgebrochenen gotischen Friedhofskirche St. Johannes in Landsberg arbeitete, brach der Österreichische Erbfolgekrieg über Kurbayern herein. Der erst zur Hälfte erstellte Rohbau musste daraufhin unterbrochen werden, denn man brauchte das Baumaterial dringend zur Reparatur und Verstärkung der Stadtmauern und Wehrgänge, um die heranrückenden ungarischen Reiterscharen abwehren zu können. So gelang es der Stadt tatsächlich, 1742 einer fünfwöchigen Belagerung standzuhalten. Doch ab 20. Juni 1743 bis 11. Oktober 1744 stand sie unter öster-

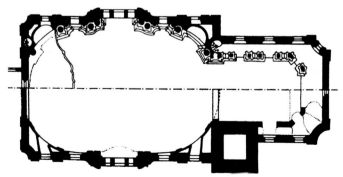

Günzburg, Frauenkirche: Grundriss

reichischer Besetzung und musste zahlreiche Einquartierungen ertragen und bezahlen. Eine Unsumme an Abgaben fiel für die Bürger an. Auch Dominikus stand damals am Rand des finanziellen Ruins.

Der Österreichische Erbfolgekrieg

Nach dem Tod Kaiser Karls VI. erkannten einige Mächte Europas den Anspruch seiner Tochter Maria Theresia auf ihr Erbe nicht an. Der 1740 erfolgte Angriff Preußens auf Schlesien löste den Österreichischen Erbfolgekrieg aus, der bis zum Frieden von Aachen 1748 andauern sollte. Auch Bayern wurde in die Kämpfe mit einbezogen, da Kurfürst Karl Albrecht von Bayern Ansprüche im Namen seiner Gattin Maria Amalie, der jüngsten Tochter Kaiser Josephs I., erhob. Ein anti-habsburgisches Bündnis zwischen Bayern, Sachsen und Frankreich bildete sich mit dem Ziel der Aufteilung der Habsburger Monarchie. Im Juli 1741 besetzten alliierte französische und bayerische Truppen Oberösterreich und Böhmen und nahmen Ende November 1741 Prag ein. Der bayerische Kurfürst ließ sich daraufhin von den böhmischen Ständen als König von Böhmen huldigen. Bereits im Januar 1742 erfolgte seine Wahl als Karl VII. zum römisch-deutschen Kaiser gegen Maria Theresias Gemahl Franz (I). Stephan. Doch bereits am Tag seiner Krönung in Frankfurt, am 12. Februar 1742, besetzten österreichische Truppen Bayern. Die Münchner Residenz wurde von ungarischen Husaren geplündert. Nach wechselndem Kriegsglück und dem Übertritt Englands auf die österreichische Seite 1743 änderte sich das Kräfteverhältnis entscheidend zugunsten Österreichs. Die Eröffnung des Zweiten Schlesischen Krieges durch den preußischen König Friedrich II. im August 1744 brachte für Bayern nur eine kleine Pause, denn österreichische Truppen rückten kurze Zeit später gleichzeitig in Schlesien und Bayern ein. Nur knapp entging Karl VII. seiner Gefangennahme. Am 20. Januar 1745 starb er in München, das wenige Tage zuvor von bayerischen Truppen zurückerobert werden konnte. Nach dem Tod Karls leitete sein Sohn und Nachfolger Kurfürst Maximilian III. Joseph unverzüglich Friedensverhandlungen ein. Der Frieden von Füssen am 22. April 1745 beendete den Kriegszustand zwischen Bayern und Österreich, während die Kämpfe in Oberitalien, Frankreich und den Niederlanden noch drei Jahre andauern sollten.

Erst 1750 gingen die Bauarbeiten an der Johanneskirche in Landsberg wieder voran und konnten zwei Jahre später abgeschlossen werden. Die schmale, nur ca. 12 m breite Straßenfassade gliederte Zimmermann mit vier flachen, teils gekehlten Pilastern, zwischen denen das Portal und drei Fenster mit geschweiften und gezackten Bögen liegen. Er verlieh ihr – ähnlich wie beim Landsberger Rathaus (vgl. Abb. S. 84) – mit kräftigen bewegten Gesimslinien zusätzliche Dynamik. Das äußerlich eher unspektakuläre rechteckige Gotteshaus mit kreisförmiger Apsis entpuppt sich im Innern als Ovalraum (wie in Günzburg) mit originellen Abwandlungen: Es handelt sich um eine Ellipse mit halbkreisförmigen Ausbuchtungen in den Ecken. Der Aufriss stellt eine reduzierte Form der Freipfeileranlage von Steinhausen und der Wies dar. Acht frei vor der Wand stehende Säulen und Säulenpaare (an den Längsseiten) tragen das Kranzgesims mit verkröpften Gebälkteilen, darüber wölbt sich die ausgemalte Flachkuppelschale.

Ein einzigartiges Meisterwerk dekorativer Rokokokunst gelang Dominikus mit dem Hauptaltar der Johanneskirche (vgl. S. 142f.), der bis zur Einweihung durch den Augsburger Bischof am 11. November 1754 fertiggestellt war.

5 Gemeinsam gegen die Konkurrenz

DIE EIGENE WERKSTATT

Dominikus Zimmermann beschäftigte ausschließlich Maurer und Stuckateure aus Wessobrunn. Ihm stand ein Stamm an langjährigen, geübten Gehilfen zur Verfügung. Über 20 Jahre lang fungierte der 1714 geborene Sohn Franz Dominikus als seine rechte Hand. Weitere Verwandte, die ihn bei den frühen Werken unterstützten, waren Benedikt Zöpf aus der Familie seiner Frau und Dominikus Gebhardt, der Gatte seiner Schwester Severina. Eine Freundschaft verband Dominikus mit seinem wichtigsten Gehilfen Nikolaus Schütz, der rund 40 Jahre lang für ihn tätig war. Er hatte ihn bei seiner Ansiedlung in Landsberg und auch noch später unterstützt. Da sie stets mehrere Projekte gleichzeitig in Arbeit hatten, brauchten die Brüder eine Reihe erfahrener Gehilfen, die auf den einzelnen Baustellen die Verantwortung übernehmen konnten. Da enge soziale Kontakte und verwandtschaftliche Beziehungen innerhalb der »Compagnien« herrschten, nahmen die Meister in Zeiten geringerer Beschäftigung auch weniger lohnende Aufträge an, um ihren Mitarbeitern ein Auskommen zu ermöglichen. Zwischen den Werkstätten und Fachkräften der beiden Zimmermanns bestand sicher während der gemeinsamen Aufträge und auch darüber hinaus ein reger Kontakt und Austausch. So war z. B. Georg Finsterwalder in gehobener Position bei Dominikus in Steinhausen angestellt. Sein Sohn Thomas arbeitete ab 1738 bei Johann Baptist in Hohenaschau.

In Johann Baptists Werkstatt herrschte ein ständiger Wechsel. Für die Freskierungen beschäftigte er oft junge Maler, die sich bei ihm weiterbildeten, um sich dann möglichst bald selbständig zu machen. Nur wenige Mitarbeiter waren in diesem Metier über einen längeren Zeitraum unter seiner Regie tätig. Dazu gehörten in erster Linie seine beiden Söhne. Johann Joseph, 1707 geboren und wohl beim Vater geschult, wurde erstmals 1732 in Benediktbeuern als Maler erwähnt. Auch in Seligenthal (1733/34), St. Jakob am Anger, Prien und bei der Ausmalung in Dietramszell (1741) war er nachweislich mit von der Partie. Sein früher Tod 1743 bedeutete auch im Hinblick auf sein künstlerisches Talent einen herben Verlust. Der 1709 geborene, weniger begabte Sohn Franz Michael gehörte ebenfalls spätestens seit Seligenthal bis zu den Arbeiten in Nymphenburg (1755/57) der Werkstatt an. Nach dem Tod seines Vaters stellte sich heraus, dass er als selbständiger Freskant überfordert war. Ein wichtiger Gehilfe »sub directive Zimmermanni« im Spätwerk war Johann Martin Heigl, der zur Belohnung für seine Beteiligung an den Fresken im Steinernen Saal in Nymphenburg, die er nach Entwürfen seines Meisters realisierte, den Hofschutz erhielt.

Im Stuckhandwerk jedoch hatte Johann Baptist anders als bei den Malern eine ganze Reihe von bewährten Mitarbeitern, die nach seinen Vorlagen selbständig arbeiteten und seine Ideen zum Teil auch frei abwandelten, wie z. B. die unterschiedlichen Stuckaturen von Andechs und Schäftlarn zeigen. Dabei verließ er sich gern auf seine Wessobrunner Verwandtschaft und Bekanntschaft, nahm aber – anders als sein Bruder – auch fremde Kräfte auf. Sein Stiefvater Christoph Schäffler übte eine leitende Funktion auf den Baustellen in Ottobeuren und Amberg (1721–23) aus. Danach muss er bald gestorben sein. Dessen Onkel Anton Landes arbeitete in München und Amberg, eventuell auch in Steinhausen im Bautrupp. Michael Zimmermann, ein Vetter, stieß Anfang der 1730er-Jahre zur Werkstatt, etwa gleichzeitig mit den Wessobrunnern Georg Üblher (1703–63) und Lorenz Walser, der in Seligenthal als Palier genannt ist.

Die große Fülle an Dekorationsaufgaben in den 1730er- und ab Ende der 1740er-Jahre konnte Zimmermann nicht ohne die Hilfe seines großen Gehilfenstabes bewältigen, in den er nur die fähigsten Handwerker aufnahm. Als er 1727 in die Position des ersten Hofstuckateurs aufrückte, gab es Proteste bei den Handwerkern vor Ort, denn der Meister war offensichtlich sehr wählerisch und übernahm von seinen Vorgängern nur diejenigen Mitarbeiter, die sich ihm und seinem Stil am besten anpassen konnten. Dazu gehörte Martin Hörmannstorffer. Er wird 1732 als Zimmermanns Palier erwähnt und arbeitete bis zu seinem Weggang weitgehend selbständig unter ihm. Zu den treuesten Mitarbeitern zählte Emmeram Widmann aus Rott am Inn. Sein Name als Vorarbeiter ist zwischen 1728 und 1746 immer wieder verzeichnet.

Seine Gesellen arbeiteten weitgehend selbständig und machten später oft eine bemerkenswerte Karriere. Bis Mitte der 1730er-Jahre gehörte z. B. der bereits erwähnte Stuckateur Johann Georg Üblher zu seinem Team. Dessen Mitarbeit in der Residenz, in Schloss Alteglofsheim und der Amalienburg ist nachgewiesen. Er entwickelte sich zu einem Meister der Figuralplastik, wurde als Hofstuckateur nach Kempten berufen und arbeitete in enger Werkstattgemeinschaft mit den Feichtmayrs u. a. für die Baumeister Johann Michael Fischer in der Stiftskirche Diessen und Balthasar Neumann in der Stiftskirche Münsterschwarzach.

1752 nahm Johann Baptist, der damals bereits 72 Jahre alt war, noch einen 17-Jährigen in seiner Werkstatt auf. Es handelte sich um Franz Xaver Feichtmayr d. J. Dieser arbeitete bis zum Tod des Meisters nach dessen Entwürfen und heiratete dann dessen junge Witwe.

DIE ARBEITSBEDINGUNGEN

Bei sommerlichen Lichtverhältnissen betrug damals die tägliche Arbeitszeit auf den Baustellen in der Regel 13 Stunden, von 5 Uhr bis 18 Uhr. Es gab Pausen für das Frühstück (mit Mehlsuppe und Brot) von 7 bis 7.30 Uhr, am Mittag von 11 bis 12 Uhr und um 15 Uhr noch eine Viertelstunde. Bei eiligen Aufträgen wurde eine Stunde mehr gearbeitet, die in der Regel auch bezahlt wurde. Arbeiten in der dunklen, kalten Jahreszeit waren teuer, denn dann musste die Baustelle mit Unschlittkerzen beleuchtet und bei Frost beheizt werden, damit die frischen Stuckaturen keinen Schaden nahmen.

An Verpflegung erhielten die Bauleute z. B. im Kloster Ottobeuren mittags Suppe, Voressen, Fleisch, Kraut und Gerstenbrei, eine Maß Bier und Brot. Es gab dort den Handwerkertisch für die einfachen Arbeiter, die von den Lehrjungen bedient wurden, dann den Hoftisch für erfahrene Mitarbeiter und den Offizierstisch für Meister und angesehene Persönlichkeiten.

Wollte man diesen eine besondere Ehre erweisen, wurden sie an den Klostertisch ins Refektorium eingeladen und im Konventbau untergebracht. 1732 wohnte Zimmermann mit seinem Sohn Johann Joseph in Benediktbeuern direkt neben dem Zimmer des Gelehrten P. Karl Meichelbeck, einem berühmten Geschichtsschreiber, der die beiden auch in seinem Tagebuch erwähnte. Normalerweise wurden die Bauarbeiter vom Auftraggeber in einem nahegelegenen Wirtshaus einquartiert. Die Kosten bei Arbeitsunfällen übernahmen in der Regel ebenfalls die Bauherren. Sie ließen den Bader holen, bezahlten seine Rechnungen und sorgten für die weitere Unterbringung.

Im Vergleich zu den Klöstern bot der Münchner Hof generell schlechtere Konditionen. Für die Tagelöhner wurde mittags nur heißes gesalzenes Wasser zubereitet, in das sie sich ihr eigenes Getreide einrühren konnten. Im allgemeinen war auch die Zahlungsmoral am Hofe schlecht. Unter Kurfürst Max Emanuel mussten die beschäftigten Handwerker und Künstler oft jahrelang auf die Begleichung ihrer Rechnungen warten oder gingen letztendlich sogar leer aus. Daher versuchte man, sich durch weitere Aufträge abzusichern. Dabei waren die Orden und Klöster als Auftraggeber besonders beliebt, da sie zuverlässig zahlten.

Löhne, Einkommen und Preise im 18. Jh.

Ein Handlanger am Bau verdiente um 1720 am Tag 15 kr. (60 kr. = 1 fl.), am Hofe oft nur 12 kr., ein Geselle am Anfang 20 kr., ein geübter Stuckateur 30 kr., ein sehr guter Mitarbeiter bis zu 50 kr. Erfahrene, selbständig arbeitende Stuckateure bekamen 1 fl. täglich. In der Regel erhielt ein Vorarbeiter/Palier im Bautrupp der Zimmermanns rund 45 kr. täglich bei freier Kost und Logis. Er kam auf einen Jahresverdienst von etwa 150 fl. Palier Nikolaus Schütz wurde noch besser bezahlt; er erhielt auf der Baustelle in Steinhausen 7 fl. pro Woche.

Die Entlohnung für geleistete Stuckierungen und Fresken fiel sehr unterschiedlich aus. Einige Zahlen können dies verdeutlichen: 1714 bekam Johann Baptist für

Stuck und Fresken in der Pfarrkirche St. Sixtus in Schliersee 250 fl. Honorar, zwischen 1724 und 1727 für die Arbeiten in Schloss Schleißheim rund 2.500 fl., 1730 für die Stuckierung des Chors von St. Peter in München allein 1.600 fl., 1731 in Steinhausen für das Chorfresko 250 fl., für das Deckenfresko im Hauptraum 1.244 fl. Davon musste er jedoch zumeist noch seine Mitarbeiter (in Steinhausen z. B. die zwei Söhne und einen Gesellen) bezahlen. In Offenstetten, wo 1757/58 das Langhaus ausgemalt wurde, erhielten er und sein Gehilfe Martin Heigl jeder nur 100 fl.

Die Jahresgehälter der kurbayerischen Hofkünstler waren auf den ersten Blick zwar gut bemessen, doch wurden sie oft jahrelang nicht ausbezahlt. Hofbaumeister Joseph Effner hatte z. B. Anspruch auf ein Salär von 1.500 fl., der Gartenarchitekt Dominique Girard (um 1680–1738) auf 1.200 fl. Der Bildhauer Charles Dubut (1687–1742) war zwischen 1716 und 1727 mit einer Jahresbesoldung von 600 fl. angestellt. Einzelne Arbeiten wurden jedoch oft noch extra honoriert. Im Vergleich dazu erhielt Dominikus Zimmermann während des vierjährigen Baus der Wallfahrtskirche Steinhausen als Baumeister vom Kloster jährlich 250 fl. Besoldung.

Bei den Immobilienpreisen konnte man bereits damals ein starkes Gefälle zwischen Stadt und Land beobachten: 1716 erwarb Dominikus um 830 fl. ein Gebäude am Hauptplatz von Landsberg, 1724 besaß Johann Baptist am Münchner Färbergraben ein Haus, das er für 3.000 fl. erworben hatte. Zehn Jahre später kaufte er ein Haus am Rindermarkt in München um 7.800 fl.

Zu den Lebenshaltungskosten um 1730 lässt sich sagen: In Regensburg betrug die Miete für eine Wohnung zwischen 1 und 2 fl. im Monat, für ein Haus ca. 5 fl. Ein Paar Schuhe oder Strümpfe kosteten je rund 1 fl., ein Rock 2 fl., ein knielanger Herrenmantel 7 fl., ein Frauen-Unterrock mit Korsett 9 fl., ein Mieder 30 kr. Für ein gutes Essen mit Bier zahlte man 12 kr.

DIE KONKURRENZ DER ASAM-BRÜDER

Der Vergleich mit dem zweiten, gleichzeitig tätigen Brüder-paar, den Asams, drängt sich förmlich auf. Wo findet man Parallelen, welche Unterschiede lassen sich im Hinblick auf die Aufträge und die Lebensumstände erkennen?

Zweifellos übertrafen die Asams schon zu Lebzeiten die Zimmermanns im Hinblick auf den Bekanntheitsgrad und die Berühmtheit. Daran hat sich bis heute nicht viel geändert. Ihr Aktionsradius erstreckte sich von Böhmen bis in die Schweiz, vom Rheinland bis nach Österreich. Im München der 1730er-Jahre waren sie u. a. mit den prunkvollen Ausstattungen der Dreifaltigkeitskirche, der St. Annakirche im Lehel, der Damen-stiftskirche und dem Bau ihrer eigenen Kirche St. Johann Ne-pomuk vertreten. Sie pflegten ihr Image als Künstlerpersön-lichkeiten durch repräsentative Wohnsitze – Cosmas Damians »Asam-Schlössl« in Thalkirchen sowie Egid Quirins Stadtresi-denz mit Privatkirche und eigener Grablege in der Sendlinger Straße – und durch glamouröse Selbstporträts. Ihrem gestei-gerten Anspruch und Ansehen entsprechend wählten sie auch ihre Aufträge aus und gestalteten ihre Honorarforderungen.

Die Werke der Zimmermanns dagegen sind – meist in enger Verbindung mit dem Wessobrunner Mitarbeiterstab – über-wiegend in Oberbayern und Schwaben anzutreffen. In dieser Region waren sie geachtete und einflussreiche Meister ihres Fachs. Johann Baptist jedoch war trotz seiner kunstvollen Ar-beiten in den Schlössern der Kurfürsten und beim Adel in München kaum bekannt. Ein Beispiel kann dies verdeutlichen: Die Klarissen vom Angerkloster wandten sich 1737 zuerst an die Asams und verhandelten mit ihnen über die Modernisie-rung ihrer Jakobskirche. Egid Quirin schlug den Nonnen je-doch zuerst einen Neubau, dann einen weitgehenden Umbau vor, was sie beides aus Kostengründen ablehnten. Damit er-schien dieser Auftrag den Asams als nicht mehr lukrativ genug. Nun fragten die Nonnen bei Zimmermann an, der auf ihre For-derungen einging und innerhalb weniger Tage einen Kontrakt über die Stuckierung und Freskierung der Kirche unterschrieb. Die Leistungen des Hofstuckateurs und seiner Truppe stellten

die Nonnen so zufrieden, dass sie zum Gesamthonorar von
2.100 fl. noch 100 fl. zusätzlich zahlten und jeder der vier Stuckateure 2 fl. Trinkgeld erhielt. Im selben Jahr wandten sich
dann auch die Nonnen des Pittrichklosters mit einem ähn-
lichen Auftrag an Zimmermann, den dieser ebenfalls ausführte
(beide Kirchen wurden später zerstört).

Dominikus war durchaus stolz auf seine Leistungen als Baumeister – eine Haltung, die sich durch einzelne Bemerkungen
in seinen Briefen (s. S. 130) und auffällige Signaturen seiner
Werke (s. S. 104) ausdrückte. Den Brüdern fehlte jedoch gänz-
lich der Hang zur Selbstinszenierung, wie man ihn bei den
Asams antrifft. Johann Baptist traf während seiner Arbeiten
im Treppenhaus von Schloss Schleißheim auf Cosmas Damian,
der dort das Kuppelbild schuf. Dessen Malstil, geprägt von der
Dramatik spätbarocken Illusionismus, lehnte er jedoch ab und
empfand ihn als unpassend.

GEGENSEITIGE INSPIRATION IM »DREAMTEAM« ZIMMERMANN

Die gemeinsamen Werke zeigen augenfällig, wie sich die Brüder
in ihrer Zusammenarbeit gegenseitig ergänzten und dabei zu
Höchstleistungen steigerten. Sie beeinflussten sich gegenseitig;
v. a. Johann Baptist vermittelte Dominikus wichtige Impulse.
So übernahm Letzterer z. B. in Steinhausen Anregungen seines
Bruders aus dem Dekorationssystem der Bibliothek von Benediktbeuern für die Gestaltung des Gebälks in ornamentalen
Formen. Überhaupt entwickelten sich die für die Zimmermann'sche Kunst typischen Grenzüberschreitungen zwischen
den Bereichen Bild, Ornament und Architektur aus dem Zu-
sammenwirken des Maler-Stuckateurs Johann Baptist und des
Baumeister-Stuckateurs Dominikus heraus. Aufgrund ihrer in-
dividuellen Entwicklung hatten sie unterschiedliche Arbeits-
bereiche und Tätigkeitsschwerpunkte, die sich ideal ergänzten.
Der Austausch zwischen höfischer und volkstümlicher Kunst,
zwischen profanen und sakralen Themen wurde durch den Einfluss des »höfischen« Zimmermanns auf den »bürgerlichen«
Bruder erst möglich. Beide waren ausgebildete Stuckateure.

Der Ältere stellte Reliefs und Großfiguren her, die immer im Dekorationszusammenhang standen. Er malte in Kalkfarben und in Öl, wobei seine Fresken sehr viele Parallelen zu seiner Stuckdekoration aufweisen (z. B. in der Hintergrund- und Stoffbehandlung, s. S. 37). Sie können als Übertragung seiner Stuckdekoration in das Medium der Malerei gelten. Der Jüngere erledigte Stuckarbeiten, baute dann Stuckmarmoraltäre, die sich in ihrem Aufbau schon aus Ornamentformen zusammensetzten, und mauserte sich schließlich zum Baumeister von Klöstern und Kirchen, die für ihre Ornament-Architektur berühmt wurden. Er übertrug Formen und Wesenszüge des Ornaments in die Architektur.

In der brüderlichen Zusammenarbeit changieren die Gattungen Architektur, Bild und Ornament über ihre Grenzen hinweg und können sich auch gegenseitig ersetzen. Dabei dient die Rocaille oft dazu, die Übergänge zu überspielen. Besonders deutlich wird dies im Chor der Wieskirche, wo Dominikus Durchbrechungen in Kartuschenform verwendete, somit Architektur durch Ornament ersetzte, und mit Rocaillen rahmte, also durch die Ornamentform dekorierte und den Realitätseinbruch im Übergang von der Architektur zum Bild kaschierte.

Johann Baptist besaß ein besonderes Talent, sich auf die unterschiedlichsten Ansprüche und Vorstellungen von Auftraggebern und Architekten einzustellen. Dies führte dazu, dass er nicht nur mit seinem Bruder und den Hofarchitekten Effner und Cuvilliés eng kooperieren konnte, sondern auch mit dem berühmten Kirchenbaumeister Johann Michael Fischer, mit dem er in der Augustinerkirche Ingolstadt (1738, 1944 zerstört) und der Michaelskirche in Berg am Laim in München (1743/44) arbeitete, sowie mit dessen Schwager, dem Münchner Hofbaumeister Johann Gunetzrhainer in der Klosterkirche Seligenthal in Landshut (1733/34) und ab 1754 in Schäftlarn.

ZIMMERMANN'SCHE KUNST IN BUXHEIM

Erhaltenen Archivalien zufolge haben die Brüder erstmals während der Umgestaltungen des Karthäuserklosters in Bux-

Buxheim, Marienkapelle: Stuckdetail vom Gewölbeansatz von Dominikus Zimmermann, 1709

heim (bei Memmingen, seit 1926 Gymnasium der Salesianer Don Bosco) zusammengearbeitet. Insgesamt war die Künstlerfamilie in einer Zeitspanne von rund 30 Jahren immer wieder hier tätig. »Anno 1709 haben wir hernachbenante In allhiesigen GottsHauß und Closter zu Buxheim den Anfang gemacht In der Ney Ehrbauten Capell den 2 Junijus Auch widerumb Zum Endt gemacht den 7 october«, schrieb Dominikus auf eine

Buxheim: Stuck an der Decke des Mönchschors von Johann Baptist Zimmermann, 1711/12

seiner ersten Abrechnungen. Bei den »hernachbenante(n)« handelte es sich um Johann Baptist, der die Fresken in der neuen Marienkapelle malte, seinen Schwager Dominikus Gebhardt sowie Benedikt Zöpf, die mit ihm zusammen die Stukkierung vorgenommen hatten. 1710 folgten dann die Stuckdekoration und ein neuer Stuckmarmoraltar für die Sakristei. Im gleichen Jahr schuf der Bautrupp noch den neuen Bibliothek-

saal (heute Zeichensaal). Im mittleren Fresko seiner Spiegeldecke steht die Signatur »Ao. 1710 Johan Zimmermann P.« zu lesen. Anschließend modernisierten sie bis 1713 die dazugehörige
Klosterkirche Maria Saal in barockem Stil. Johann Baptist war
zuständig für den Stuck im Deckenbereich und den Freskenzyklus; Dominikus errichtete u. a. je zwei neue Stuckmarmor-
altäre auf dem Lettner und der Westempore (heute in der Be-
nediktuskapelle in Ottobeuren).

Die reichen Ausstattungen der Buxheimer Klosterkirche
und der Marienkapelle sind, da sie die erste Kooperation der
Brüder darstellen, von besonderer Bedeutung. Sie führen deren unterschiedlichen Dekorationsstil vor Augen: Johann Baptist kombinierte am Chorgewölbe schwere plastische Formen,
z. B. üppige Frucht- und Blütengehänge, Engel und Vasen, mit
flacherem Relief. Die schwebenden Engel wurden teilweise
schon vollplastisch geformt. Der Hintergrund seiner Ornamente bleibt dabei immer präsent, die Motive sind deutlich
begrenzt. Dominikus dagegen schuf in der Marienkapelle ein
sehr dichtes Gewebe von Ornamenten, hinter denen fast kein
Wandgrund mehr sichtbar bleibt; auch die Putti wurden Teil
dieser Dekorschicht. Außerdem zeigte er hier – wie schon bei
seinen Scagliolabildern – eine besondere Vorliebe für natur-
getreue Abbildungen von Blumen aller Art (vgl. Abb. S. 96, 97).

Zwölf Jahre später waren die Brüder wieder in Buxheim
vertreten. Damals wurde die mittelalterliche Pfarrkirche
St. Peter und Paul neben der Kartause abgebrochen und ab
1726 von Dominikus und seinen Gehilfen als einfacher drei-
jochiger Saal mit eingezogenem, halbrund geschlossenen
Chor neu erbaut und stuckiert. Von 1733 bis 1738 erfolgte
dann die Modernisierung der beiden Kreuzgänge mit Stuckornament durch Dominikus und seinen Sohn Franz. Gemeinsam mit Franz und dem Bruder, der das Altargemälde und
wohl auch die Fresken fertigte, errichtete der mittlerweile
arrivierte Baumeister als krönenden Abschluss 1738/39 die
St. Anna-Kapelle in der Nordwestecke des Großen Kreuzgangs. Dabei entstand ein ganz besonderes Schmuckstück
des süddeutschen Rokoko, dessen komplizierter tektoni-

scher Aufbau und phantasievolle Ausgestaltung in enger Beziehung zu den Kirchen in Steinhausen, Günzburg und der Wies stehen.

IM DIENSTE DER DOMINIKANERINNEN

Dominikus durfte sich bei den Dominikanerinnen, die im Laufe seines Schaffens zu seinen treuesten Auftraggeberinnen werden sollten, in Kloster Maria Medingen ab 1716 erstmals als Baumeister bewähren, während sein Bruder dort die Freskierung ausführte (s. S. 79f.). Danach arbeitete er gegen 1720 bei den Dominikanerinnen in Augsburg und errichtete dort eine sehr kunstvoll und zierlich wirkende Nonnenempore, von der jedoch nur noch der Entwurf überliefert ist. Die Brüder arbeiteten anschließend in Wörishofen für den Orden. Dominikus bekam den Auftrag, in der ab 1719 durch den österreichischen Architekten Franz Beer von Blaichten (1660–1726) errichteten Klosterkirche Maria, Königin der Engel, die Stuckierung durchzuführen (Honorar: 832 fl.) und auch viele Klosterräume und Gänge mit Gipsornament auszustatten. Insgesamt erhielt er dafür 1.932 fl. Für die kleinteilige Freskenfolge (zum Teil durch Brand 1955 zerstört) wurde Johann Baptist mit 500 fl. bezahlt. Er signierte 1723 das Deckenbild des Altarraums, das Maria als Schutzherrin des Ordens zeigt.

1724/25 arbeitete Dominikus in Schwäbisch Gmünd bei den Dominikanern. Sie hatten sein Modell für einen Neubau der nach den Kriegseinwirkungen von 1704/05 schwer beschädigten Anlage angenommen; es sollte nun realisiert werden. Doch nach Vollendung des Rohbaus 1725 stockte das Projekt und konnte aus Geldmangel nur noch langsam vorangebracht werden. Zimmermann gliederte eine Fassadenseite mit Flachpilastern und ornamentierte sie zurückhaltend, da den Bettelorden reiche Verzierungen untersagt waren. In verschiedenen Räumen, Gängen und dem Kreuzgang schuf er mit seinen Gehilfen einen variationsreichen Bandwerkstuck, der sich teilweise erhalten hat. Die Kirche konnte erst in der ersten Hälfte der 1760er-Jahre durch den Gmündener Baumeister J. M. Keller fertiggestellt werden.

Auch die Dominikanerinnen von Sießen beauftragten Dominikus 1725 mit der Errichtung ihrer Klosterkirche. Sie musste in den Südflügel des neuen, wie in Wörishofen von Franz Beer geplanten und gebauten Konventbaus eingefügt werden. Dominikus platzierte sie so, dass die Fassade mit Turm und dem darunter befindlichen Nonnenchor noch in der Gebäudeflucht zu liegen kam. Mit dem kurzen, durch geschweifte Giebel betonten Querhaus, das eine Parallele zum Konventflügel bildet, und den malerischen Fenstergruppen setzte er das Gotteshaus wirkungsvoll von den nüchternen Klostertrakten ab. Mit der Ausgestaltung des Querhauses griff er auf das Vorbild der Vorarlberger Bauschule zurück. Im Stich kann man erkennen, dass die Gliederung des Außenbaus in der Anordnung der Pilaster und in den geschwungenen Rahmen der beiden Fensterreihen – in der oberen sieht man die für den Baumeister typischen dreigeteilten »Ohrenfenster« – einem Bandwerkornament ähnelt. Im Innern stattete er den Saalraum erstmals mit Flachkuppeln aus und stuckierte Decke, Gurte und Laibungen mit einem dichten Gefüge von Bandwerkornament in vielfältigen Variationen. Sein Bruder übernahm die Anfertigung der Fresken in den Kuppeln und Zwickelbildern, die sich thematisch dem Orden und dem hl. Markus als Kirchenpatron widmen, und signierte sie 1728.

Bei allen gemeinsamen Werken in den 1720er-Jahren übernahm Dominikus die Rolle als Stuckateur und ggf. als Baumeister, während Johann Baptist die des Malers erfüllte. Mit der Wallfahrtskirche von Steinhausen erreichte ihre Zusammenarbeit (ab 1728) dann einen ersten Höhepunkt, denn erst bei diesem Werk ermöglichte ihnen der Auftrag die Freiheit, sich gegenseitig so zu inspirieren, dass sie mit ihren Ideen Neuland betreten konnten (s. S. 102ff.).

Danach kam es für lange Zeit zu keinem gemeinsamen Projekt mehr. In der Zwischenzeit schuf Johann Baptist in Zusammenarbeit mit Cuvilliés erstklassige Raumkunst in der Münchner Residenz und der Amalienburg sowie zahlreiche weitere Spitzenwerke für adelige und geistliche Auftraggeber.

Zeitgenössische Ansicht des Klosters Sießen mit der von Dominikus Zimmermann 1725–29 geschaffenen Kirche

Dominikus entwickelte in dieser Zeit sein Konzept der »Ornament-Architektur« weiter. Erst 17 Jahre später trafen sie erneut zusammen, um ihre Kooperation mit einem Werk zu krönen, in dem sich sämtliche Gattungen der bildenden Künste zu einem Gesamtkunstwerk vereinigen: dem Bau der Wieskirche (s. S. 115ff.).

6 Wallfahrtskirche Steinhausen – Ein Meisterwerk europäischer Dekorationskunst (1728–31)

Da die Wallfahrtskirche für die stetig wachsende Zahl der Pilger zur »Schmerzhaften Muttergottes auf der Säule« nach Steinhausen schon lange nicht mehr genügend Platz bot, beschloss der Konvent des Prämonstratenserstifts Schussenried unter der Leitung von Abt Didacus Ströbele 1726 den Neubau der Kirche. Die Chorherren hatten das über dem Tal des Federbaches gelegene Dorf Steinhausen 1363/65 aus Adelsbesitz erworben. Um 1415 wurde in der dortigen Marienkirche ein hochgotisches Holzbildwerk der »Pietà« aufgestellt. Die sich in der Folgezeit dorthin entwickelnde Wallfahrt wurde vom Kloster beständig gefördert und die Kirche mehrmals modernisiert. Zuletzt ließ Abt Tiberius Mangold (reg. 1683–1710) das Gotteshaus im Barockstil ausstatten und einen neuen Marienaltar um das Gnadenbild, das auf einer Säule postiert worden war, aufstellen. Abt Tiberius, der dann aufgrund einer internen Rebellion der Chorherren gegen seine strikten Regeln vorzeitig zurücktreten musste, verfolgte noch weitere ehrgeizige Baupläne. Durch den Ausbruch des Spanischen Erbfolgekrieges konnte er sie aber nicht mehr in die Tat umsetzen. Er gilt jedoch als Initiator der kostspieligen Bauprojekte seiner Nachfolger.

»ES IST ALLES GESCHEHEN AD HONOREM DEI« – DIE BAUGESCHICHTE

Der Konvent der wohlhabenden Reichsabtei genehmigte für einen Neubau der Wallfahrtskirche 9.000 fl. Man darf annehmen, dass die Sießener Priorin Maria Josepha Baizin den gerade in ihrem Kloster tätigen Dominikus Zimmermann empfohlen hatte. Wenig später stellte sie für den Bau auch Material aus dem nahegelegenen Steinbruch der Dominikanerinnen zur Verfügung. Abt Didacus beauftragte den Architekten mit der Ausarbeitung eines Bauplanes. Am 30. März 1727 notierte er in sein Tagebuch die Besprechung des Entwurfs:

»Heut ist H. Dominicus Zimerman von Landtsperg gebürthig, sehr gueter Baumeister, von Siessen anhero kommen, hat mir ein feines Rissel gebracht wegen zukünftiger neuen Kirch zue Steinhausen ...« Nachdem man am 7. März 1728 das Gnadenbild in das Kloster übertragen hatte, begannen eine Woche später die Abbrucharbeiten der alten Marienkirche. Auf deren Fundament wurde am 18. August 1728 der Grundstein für das neue Gotteshaus gelegt. Ab Anfang Mai 1729 waren bereits rund 100 Handwerker am Neubau beschäftigt; nach Vollendung des Rohbaus erfolgten im Spätherbst 1729 dann die Einwölbung und die Fertigstellung des Daches.

Im darauffolgenden Frühjahr ging es an den Innenausbau. Dominikus und seine Werkstatt stuckierten im Sommer 1730 den Altarraum. Auch das Deckenfresko im Chor wurde von seinem Bruder bereits vollendet. Am 17. Oktober desselben Jahres kam der Vertrag mit dem damals 50-jährigen Johann Baptist über die Fresken im Langhaus zustande. Er erhielt für die Ausmalung des Hauptraumes 1.244 fl., für das Chordeckenfresko 250 fl. an Honorar zugesprochen. Zwischen Frühjahr 1731 und Herbst 1732 stuckierte Dominikus mit seinen Gehilfen den Hauptraum, parallel dazu malte Johann Baptist von April bis Juni 1731 zusammen mit seinen beiden Söhnen und einem Gesellen die Deckenfresken. Im Bautrupp von Dominikus arbeiteten u. a. wieder sein Palier Nikolaus Schütz, Leonhard Scheffler, Pontian Steinhauser, den er nachfolgend in der Wieskirche mit der Anfertigung der eindrucksvollen Kanzel beauftragen sollte, und sein Sohn Franz Xaver. 1731/32 kamen als zusätzliche Kräfte Johannes Berckhoffer, Rochus Fischer, Pontian Gigl, Joseph Gramer und Michael Köpf hinzu. Die Gesamtkosten der Stuckierung beliefen sich auf 2.159 fl.

Bereits 1730 konnte der erste Gottesdienst in der teilweise fertiggestellten Wallfahrtskirche gefeiert werden. Am 24. November 1731 erfolgte die Einsegnung durch Abt Didacus. Zwischen 21. April und 30. September vollendete Dominikus mit seinen Gehilfen die Stuckarbeiten im Hauptraum. Jetzt waren die vielen Details an den Fenstern, Pfeilern, Arkadenbögen, Balustraden und Gesimsen, die Volutengiebel und

Bildkartuschen an der Reihe. Abschließend verewigte sich der Baumeister unter der Empore selbstbewusst in großen, vergoldeten Stucklettern: »DOMINICUS ZIMMERMANN ARCHIT. E. STUCKADOR LANDSBERGENSIS.«

Die nachfolgende Kirchweihe zu Ehren Mariens und der Apostelfürsten Petrus und Paulus vollzog der Konstanzer Weihbischof Franz Johann Anton von Syrgenstein am 5. Mai 1733. Abt Didacus hatte inzwischen abgedankt und war strafversetzt worden; man warf ihm Charakterschwäche und eine zu große Nachsichtigkeit gegenüber den Chorherren vor. Die hohen Gesamtbaukosten von über 40.000 fl. für den Neubau der Wallfahrtskirche, die das Fünffache des Kostenvoranschlags betrugen, dürften wohl auch eine Rolle gespielt haben. Der Abt entkräftigte die an ihn herangetragenen Vorwürfe in seinem Tagebuch mit dem Kommentar: »... es ist alles geschehen ad honorem Dei.« Erst die Nachwelt sollte das hier geschaffene Gesamtkunstwerk zu würdigen wissen.

Unter Ströbeles Nachfolger Siard Frick wurde das Gnadenbild am 29. September 1735 aus Kloster Schussenried zurück nach Steinhausen übertragen und die Wallfahrt damit wieder eröffnet. Man hatte 1732 für die Marienfigur eine große, prunkvolle Krone bei dem Augsburger Goldschmid Franz Ignaz Bertold anfertigen lassen. Sie war anlässlich der feierlichen Prozession, an der rund 20.000 Gläubige teilnahmen, erstmals zu sehen. In der Folgezeit stieg die Zahl der Pilger weiter kontinuierlich an. Der größte Andrang herrschte stets zu den besonderen Feiertagen, v. a. zu den Marienfesten und dem Patroziniumsfest »Maria unter dem Kreuz«, das am »Schmerzensfreitag«, dem Freitag vor Palmsonntag, begangen wird.

DER AUSSENBAU

Äußerlich ist die hoch aufragende Wallfahrtskirche weder einem Zentralbau noch einer kreuzförmigen Kirchenanlage eindeutig zuzuordnen. Das Gebäude ist von allen Seiten gleichmäßig zurückhaltend mit zarten ockerfarbenen, streifenartig wirkenden Doppelpilastern und Gesimsen gegliedert und zu einer rhythmischen Einheit verbunden. Dazwischen befinden

Die Wallfahrtskirche Steinhausen, geweiht am 5. Mai 1733

sich zwei Fensterreihen in den charakteristischen Zimmer-
mann-Formen. Die untere Reihe ist wie bei der Klosterkirche
Maria Medingen (s. Abb. S. 80) mit hohen, schmalen Fenstern
gestaltet und weist oben Dreipass-Ausbuchtungen auf; darüber stehen breite, dreiteilige »Ohrenfenster«, ähnlich wie in
Siessen (Abb. S. 101). Sie sind aus den dreiteiligen »Thermenfenstern« von Johann Jakob Herkomer abgeleitet. Die vier barocken Volutengiebel betonen einerseits die fast vollkommene
Symmetrie des Baus, andererseits markieren die zwei Schein-
giebel das vermeintliche Querhaus. Konvex geschwungene
Wandelemente vermitteln zwischen Quer- und Längsachse
und lassen das Oval des Innenraums erahnen. Über dem Westportal thront der 60 m hohe quadratische Glockenturm, der in
drei Geschosse untergliedert ist. Seine formschöne, dreifach
geschweifte Kupferhaube bekrönt ein vergoldeter Knauf mit
Doppelkreuz. Am untersten Turmgeschoss ist eine Sonnenuhr
angebracht. Diese Uhren dienten der Allgemeinheit noch bis
ins 19. Jh. als nützliches Instrument.

»FEIERLICHES OVAL« – DER INNENRAUM

Die längsovale Halle ist zirka 29 m lang und 21 m breit und flach überkuppelt. Sie hat einen Umgang, der durch zehn hohe, durch Rundbögen miteinander verbundene, kreuzförmige Freipfeiler gebildet und durch Quertonnen betont wird. Die Pfeiler stehen knapp 2 m von der Umfassungsmauer entfernt. Mit ihnen wird die innere Raumschale gestaltet. Zwei kurze Annexräume im Osten und Westen bilden den querovalen Altarraum und die rechteckige Vorhalle mit Taufbecken, zwei Emporenaufgängen und Orgelempore. Die Pfeiler tragen Orgelempore, Kanzel, Gurtbögen und Kuppel. Trotzdem erscheinen sie schwerelos mit ihren Pilastervorlagen, den zarten, reich geschmückten Kapitellen und Kämpfern, die zu Ornamenten umgebildet sind, und einem Gebälk, das nach oben gebogen ausschwingt. Darüber sitzen die Freifiguren der zwölf Apostel.

Lichtführung und »Thermenfenster«

Ein wesentliches Merkmal in Dominikus Zimmermanns Bauwerken ist die Lichtführung, die der Architekt stets mit besonderer Sorgfalt plante. Er stand dabei vor der Aufgabe, im Gemeinderaum für genügend Beleuchtung sowohl im unteren Bereich, wo sich das Gestühl und die Seitenaltäre befinden, als auch an der stuckierten und gemalten Decke sorgen zu müssen. Deshalb setzt er in seinen Neubauten ins Erdgeschoss hohe Fenster, die mit runden oder geschwungenen Bögen schließen, und über ihnen eine weitere Lichtzone mit den sogenannten »Thermenfenstern«. Schon in der Antike verwendet, kam diese Fensterform in der italienischen Renaissance wieder auf. Zimmermann hat sie in Füssen bei Johann Jakob Herkomer kennengelernt, aufgegriffen und weiterentwickelt. Zumeist erhalten sie bei ihm gekurvte Formen, mit Ausbuchtungen und »Ohren«, manchmal fassen sie zwei darunter liegende große Fenster zusammen, und oft sind sie quasi als Ornament der Innen- oder Außenwand interpretiert. In Eresing (s. S. 144) z. B.

musste er sich jedoch an dem vorhandenen spätgotischen Bau orientieren und wählte eine strenge dreiglied-
rige Form. Damit erreichte er eine optimale Lichtausbeu-
te und Lichtführung für den Stuck und die Fresken.

DIE DECKENFRESKEN – »LICHTE FARBEN IN FROHER HARMONIE«

Das Bildprogramm (Abb. S. 108, 111, s. auch Buchcover) wurde
wohl von Abt Didacus und den anderen Chorherren im Konvent erdacht. Es sollte den Kirchenbesuchern die jungfräuliche
Muttergottes als himmlische Fürsprecherin nahebringen. Daher lautet die Inschrift vor der Orgelempore: »Aedificata post
virginis partum MDCCXXXI« – »Erbaut im 1731. Jahr nach der
jungfräulichen Geburt«.

Das Deckenfresko im Gemeinderaum umspannt hier erstmals das gesamte Gewölbe und fasst es zu einer Einheit zusammen. Die Malerei Johann Baptists setzt am Gewölbefuß mit
einer umlaufenden Landschaftsszenerie ein und wird teils
überlagert von stuckierten Balustraden, Blumengirlanden und
Putti. Im Osten zeigt sich dem Betrachter das Sinnbild eines
»hortus conclusus« (= verschlossener Garten). Es handelt sich
um die Ansicht eines Parks, dessen Allee in die Bildtiefe führt.
Im Vordergrund steht ein Springbrunnen, flankiert von Ziervasen auf Säulen. Das Brunnenwasser entspringt einem Herzen, auf dem das Monogramm Mariens zu lesen ist. Wie auch
bei den übrigen hier im Umfeld dargestellten Gegenständen –
der Rose, der Lilie, den Zypressen, Zedern, Palmen, Granat-
bäumen und dem Morgenstern – handelt es sich um ein Symbol der Marienverehrung. Die goldene Inschrift auf der
unterhalb im Gewölbe befindlichen Kartusche ist ein Zitat aus
dem Hohen Lied (4,12): »Hortus Conclusus es Dei Genitrix
Fons Signatus« (»Der verschlossene Garten und die versiegelte
Quelle bist Du, Gottesgebärerin«). Gegenüber, im Westen,
sieht man das Paradies mit dem Menschenpaar Adam und Eva,
die den Gegenpart Mariens im Alten Testament darstellt. Sie
stehen unter dem Baum der Erkenntnis. An den Längsseiten
erscheinen im Vordergrund weitläufiger Berglandschaften die

Personifikationen der vier Erdteile aus der damals bekannten Welt: »Afrika« mit Elefant, »Amerika« mit Krokodil, »Asien« mit Kamel und »Europa« als höfisch gekleidete Dame, von der Anzahl der Figuren her die größte Gruppe. Letztere wird flankiert von »Ecclesia«, der Kirche, die einen Hostienkelch und ein Kreuz trägt, sowie einem Gewappneten, der das Habsburger Kaiserreich repräsentiert. Er trägt Helm, Rüstung und einen Schild mit der Aufschrift »RIA« (= Rex Imperium Austriae).Vor ihm breitet der Reichsadler die Schwingen über dem Reichsapfel des Heiligen Römischen Reiches aus. Bei dem links dahinter befindlichen Mann mit Schimmel soll es sich angeblich um den Baumeister Dominikus handeln. Analog dazu wird in der von ihm geschaffenen Stuckfigur des Herkules beim südlichen Seiteneingang ein Portrait seines Bruders vermutet. In seiner Signatur am Sockel der »Europa« verwies Johann Baptist auf seinen Wirkungskreis München: »Joh. Zimmermann Pinx. Monac.«

Über dem Park, dem Paradies und der Weltlandschaft öffnet sich der blaue Himmel. Darin sind auf spiralförmigen Wolkenbänken zahlreiche Heilige und Vertreter des Alten und Neuen Testaments angeordnet. Dazwischen findet die Himmelfahrt Mariens statt: Sie schwebt als Lichtgestalt, von bunt drapierten Engeln getragen, empor zur Lichtglorie der Heiligen Dreifaltigkeit, die von anbetenden und musizierenden Engeln umkreist wird. »Regina caeli, laetare« (»Himmelskönigin, freue Dich!«) verkündet das Spruchband. Bei diesen Worten handelt es sich um den Anfang eines bekannten Osterliedes, dessen erste Strophe mit den Worten »Ora pro nobis Deum« (»Bitte Gott für uns«) endet. Damit bezieht es sich auf die Nöte und Sorgen der Wallfahrer, für die Maria zur Fürbitterin vor Gott wird. Der Mond zu ihren Füßen und der Sternenkranz um ihr Haupt kennzeichnen sie als Erscheinung der Apokalypse; als neue Eva stellt sie das Sinnbild der Kirche dar.

Wallfahrtskirche Steinhausen: Das Hauptfresko »Maria in der Glorie« (Ausschnitt) von Johann Baptist Zimmermann, 1731

Das Chorfresko zeigt die Heiliggeisttaube und Gottvater, umgeben von anbetenden und musizierenden Engeln und Erzengeln in Erwartung des Auferstandenen, der im Auszug des Hochaltars dargestellt ist. Die Fresken im Umgang thematisieren die weiteren großen Marienfeste (Unbefleckte Empfängnis, Mariä Geburt, Tempelgang, Vermählung, Verkündigung, Heimsuchung, Darstellung im Tempel) und die Gründung der Kirche S. Maria Maggiore in Rom, die der Legende nach auf Wunsch der Muttergottes an dieser Stelle errichtet wurde. Unter der Orgelempore ist der Tod Mariens dargestellt. Im Kirchenvorraum haben die Deckenbilder die Taufe Christi durch Johannes zum Thema.

Die »Kirchenzier«: Ein Lehrbuch des Glaubens

Die Pracht der Kirchen des 18. Jhs. wird heute zwar oft bewundert, aber in ihrer eigentlichen Bedeutung vielfach nicht mehr verstanden. Die Sakralräume dienen zum einen als Versammlungsort der Gemeinde, zum anderen als »Haus Gottes«, als Hinweis auf das Himmlische Jerusalem und die Inhalte des christlichen Glaubens. Sie sind immer auch Spiegel ihrer Zeit. Die für uns überschwänglich anmutenden Kirchen in Barock und Rokoko vermitteln durch ihre Ausstattung ein oft umfangreiches theologisches Programm, das stets bestimmte Aussagen für den Betrachter bereithält. Die Kirchenbesucher vor 300 Jahren kannten ihre Heiligen, deren Attribute und die Inhalte der Bibel sehr gut und verstanden die meisten der Botschaften in den Bildern. Seit den 1920er-Jahren entwickelte sich eine spezielle Forschungsrichtung der Kunstgeschichte, die Ikonologie, die sich mit der Analyse von Bildprogrammen befasst.

Dominikus schuf mit der Steinhauser Wallfahrtskirche eine überzeugende Verschmelzung der Ovalform des Sakralraums, die im römischen Barock durch die Bauten von Bernini und Borromini populär geworden war und dann auch in Bayern – u. a. in der Klosterkirche Weltenburg oder in St. Anna im Lehel

in München – vertreten war, mit dem Vorarlberger Münster-
schema, d. h. Wandpfeilerkirchen mit seitlichen Kapellen, Emporen und Durchgängen. Er kam zu einer zugleich einfachen
und wirkungsvollen Lösung: Dem ovalen Kirchenraum wird
ein ebenso ovaler Ring aus zehn quadratischen Pfeilern einbe-
schrieben. Sie tragen die flache Kuppel des Innenraums und
spannen so eine Art Leinwand auf, auf der sich die Fresken wie
ein zweiter Himmel entfalten können. Gleichzeitig entsteht
zwischen dem Ring aus Pfeilern und der Außenwand ein Umgang, der, ohne echte Seitenschiffe zu bilden, dem Innenraum
eine effektvolle doppelte Wandschale verleiht. In den Zwi-
schenräumen der Pfeiler befinden sich an der Außenwand zwei
Reihen von je vier reich dekorierten Fenstern, die den Innenraum von allen Seiten gleichmäßig beleuchten und das Pfei-
leroval besonders plastisch zur Geltung bringen.

Das quergestellte Oval der Apsis mit dem monumentalen
Hochaltar liegt im Osten des Kirchenschiffs als Blickfang und
Zentrum der liturgischen Verehrung direkt dem Hauptportal
gegenüber. Doch ist dies – zusammen mit der Orgelempore
über dem Westportal – fast das einzige architektonische Zuge-
ständnis an die West-Ost-Orientierung. Prägend sind die mit
reichem Stuckzierrat und Rocailleformen geschmückten Pfeiler. Sie tragen schlicht gestaltete, weiße Rundbögen sowie ein
üppig dekoriertes Wandgesims, das sich bereits zur Kuppel
rundet. Der Stuck dieses Gesimses dient gewissermaßen als
Brüstung der Theaterbühne, auf der die Figuren des Deckenge-
mäldes agieren. Dominikus Zimmermann teilte seinen Säulen
und Pilastern ornamentale Aufgaben zu. Damit stand er im
krassen Gegensatz zu seinem Kollegen Johann Michael Fischer, dessen Stützen ganz der Funktion des Tragens verpflichtet bleiben.

UNTERSCHIEDE IM STUCKORNAMENT
DER BRÜDER

Auch in Steinhausen zeigt sich, dass die Stuckarbeiten des Dominikus ihre eigene Charakteristik haben und sich deutlich von
denen seines Bruders, der im gleichen Jahr die Reichen Zimmer

Wallfahrtskirche Steinhausen: Der Stuck an der Wölbung des Hauptraums stammt von Dominikus, das Fresko »Maria in der Glorie« von Johann Baptist Zimmermann, 1731

der Münchner Residenz dekorierte, abheben. Die vollplastischen Apostel z. B. sind »rustikale Erscheinungen mit durchfurchten Physiognomien, deren Ausdruck durch die expressive Bemalung noch gesteigert wird« (Christina Thon). Im Vergleich zu Johann Baptists Figuren in Benediktbeuern und der Amalienburg (vgl. Abb. S. 27, 58) fehlt ihnen die zurückhaltende, höfische Gestik und Künstlichkeit, die für die Arbeiten am Hofe durch Gold- und Silberfassungen noch verstärkt wurde.

»Unhöfisch« sind auch die naturgetreu gefassten Vögel, z. B. Wiedehopf und Kernbeißer, ein Elsternnest, die Fütterung eines Kuckucks, Schafsköpfe, Eichhörnchen, Stubenfliege, Hirschkäfer, Kreuzspinne und Grashüpfer, die man hier an den Fenstern und den Pfeilerkapitellen entdecken kann. Die Tiere sollten im ländlichen Kirchenraum von Steinhausen nicht als bloßer Teil eines Ornamentsystems wirken, sondern als liebenswerte Geschöpfe Gottes aus der Natur. In dieser Absicht wurden die Glocken- und Sonnenblumen, Rosen und Dahlien, die zart gefassten Laubgehänge, Akanthusblätter, Muscheln und Widderköpfe, die die Pfeilerkapitelle schmücken, möglichst realitätsnah gestaltet. Auf den Kapitellen sitzen Krönlein (wie später in Günzburg). Dominikus hat das Bandwerk der Bérains hier weiterentwickelt. Er überzog die Wände und das Gewölbe mit Gitternetzen, Blattwedeln und Blütenzweigen.

VERSCHMELZUNG VON FRESKO UND STUCK

Die Stuckteile der Ausstattung haben hier eine neue Funktion: Sie setzen den gebauten Raum fort und leiten in die überirdische Sphäre der Deckenmalerei über. Wie nie zuvor durchdringen sich Stuck und Fresko im Chor und Laienraum. Eine Stuckbalustrade verbindet den Kirchen- mit dem Himmelsraum; stuckierte Putten bereiten über dem Hochaltar einen stuckierten Thron für den zum Himmel auffahrenden Erlöser vor; um den stuckierten Kuppelrand vor dem blauen Himmelsgrund stehen Relieffiguren der Engel, die sich in den Kreis der gemalten anbetenden Engelschöre um Gottvater einfügen. Im Kirchenschiff huldigen die Putten am Kuppelrand dem Geschehen der Himmelfahrt Mariens, während die Apostelstatuen auf dem Gebälk durch Körperhaltung und Gesten ebenfalls ihre Anteilnahme am Ereignis im Kuppelfresko zeigen.

Eigenschaften der bayerischen Rokokokirche

Ihr Typus, der ab dem 2. Drittel des 18. Jhs. auftritt, konzentriert sich auf Altbayern.Während der Außenbau eher zurückhaltend gestaltet ist, erwartet den Besucher im Innern ein überschwängliches Raumerlebnis. Von einem Standpunkt im Westen in der Nähe des Eingangs aus lassen sich der Reichtum und die Botschaft der künstlerischen Ausstattung, die Rhythmik des Raums und die malerische Qualität der Architektur oft am besten erfassen. Charakteristisch ist ein lichter, heller Hauptraum, bevorzugt gebildet durch Wand- oder Freipfeiler auf ovalem oder zentrierendem Grundriss. Er ist durch Anräume von der Außenwand des Baus getrennt und wird durch große Fensterflächen indirekt beleuchtet. Die seitlichen Begrenzungen dieses Kernraumes sind im Licht aufgelöst oder anderweitig verunklärt; raumerweiternde Kurven und abgerundete Ecken tragen zu diesem Eindruck bei. Zwischen dem oberen Abschluss, der vom Deckenfresko definiert wird, und den Stützen ist eine an Motiven und Formen verschwenderisch gestaltete Rahmenzone eingeschoben, die zugleich als Teil der Architektur, des Freskos und des Ornaments fungiert. Mehr noch als im Barock sind alle Kunstgattungen dem Gesamtkontext der Raumgestaltung untergeordnet. Die Stofflichkeit wird eher negiert; daher erscheinen die Fassungen häufig in immateriellem Gold und Polierweiß. Die grundlegende Ornamentform, die Rocaille, kann sich verselbständigen; in rahmender Funktion wird sie quasi Architektur und Bildgegenstand (vgl. Abb. S. 128 und Abb. S. 142). Die Rokokokirche unterscheidet sich von allen anderen sakralen Bautypen der Neuzeit dadurch, dass in ihr die Architektur keinen Vorrang mehr genießt, sondern zum Abbild ihrer selbst mutieren kann.

7 Fulminanter Höhepunkt – Die »himmlische« Wies (ab 1744)

Die populärste Rokokokirche Bayerns liegt idyllisch im Pfaffenwinkel, inmitten von Wiesen und Wäldern vor den bewaldeten Hügeln der Trauchberge und den Ammergauer Alpen. Seit ihrem Bestehen wurde sie von ihren Bewunderern mit Superlativen bedacht. Eine sehr treffende poetische Beschreibung stammt von dem Passauer Lyriker Reiner Kunze. In einem Gedicht, das er dem Bauwerk widmete, nannte er es einen »Fingerabdruck des himmels ... eingefärbt über und über mit licht«.

Um 1740 besuchte Dominikus Zimmermann Abt Hyacinth Gaßner in Steingaden, um mit ihm die Erneuerung der Klosterkirche zu besprechen. Dieser Plan wurde jedoch bald abgewandelt. In jenen Jahren entwickelte sich nämlich unter den Gläubigen eine besondere Vorliebe für eine Holzskulptur des »Gegeißelten Heilands« aus Klosterbesitz, der man wundersame Kräfte nachsagte. Der Pilgerstrom zu dieser Figur, die in einer Kapelle beim Lori-Bauern in der Wies aufgestellt war, hatte bald so große Ausmaße erreicht, dass sich der Konvent entschloss, das Geld vorrangig in den Bau einer prächtigen neuen Wallfahrtskirche zu investieren. Eine Rolle spielte dabei sicher auch die nahegelegene und sehr populäre Gnadenstätte auf dem Peißenberg im Besitz der Augustiner-Chorherren von Rottenbuch, die damit Konkurrenz bekam.

EIN TEURES BAUPROJEKT

Der Landsberger Baumeister war ab 1743/44 mit der Planung der Pilgerstätte beschäftigt. Aufgrund des Österreichischen Erbfolgekrieges verzögerte sich jedoch die Realisierung. Erst nach dem Frieden von Füssen am 22. April 1745, der nach dem Tod Kaiser Karls VII. (20. Januar 1745) zustande kam, waren die Voraussetzungen günstiger. Abt Marian II. Mayr (reg. 1745–72) übernahm die zwischen Zimmermann und seinem Vorgänger vereinbarte Konzeption. Nachdem die Genehmigung durch den neuen Landesherrn, Kurfürst Maximilian III. Joseph (reg.

1745–77), und den Augsburger Fürstbischof Joseph Ignaz Philipp von Hessen-Darmstadt (reg. 1740–68) vorlagen, ließ er den bereits begonnenen Bau fortführen. Am 10. Juli 1746 vollzog Propst Herculan Karg – Bauherr des prächtigen, von namhaften Rokokokünstlern geschaffenen Marienmünsters in Dießen – die feierliche Grundsteinlegung. Den Chor hatte Dominikus von Anfang an als eigenständige Anlage proportioniert, damit ihn die Prämonstratenser, falls die Wallfahrt schnell wieder an Beliebtheit verlieren sollte, auch allein nutzen konnten.

Nachdem das Gotteshaus »mit aller Zierd zum vollkommenen Stand gekommen«, hat man in einer glanzvollen Prozession am 31. August 1749 das Gnadenbild des »Gegeißelten Heilands« dorthin übertragen. Trotz knapper Geldmittel wurde auch das Langhaus schon bald darauf in Angriff genommen. »Weil nun endlich … die ganze Kirche schön ausgemahlen und sehr zierlich mit Stuckadorarbeit ausgekleidet war«, konnte der Augsburger Weihbischof Franz Xaver Adelmann von Adelmannsfelden am 1. September 1754 die Einweihung vornehmen.

Die Arbeiten der Brüder Zimmermann in der Wies waren zu diesem Zeitpunkt bereits vollendet: Dominikus und seine Werkstatt mit Wessobrunner Meistern hatten im Chor um 1747/48 sowie im Gemeinderaum um 1750–53 den reichen Stuck geschaffen. An der Brüstung der Orgelempore hinterließ er seine Signatur: »Dominicus Zimerman / Baumeister v. Landsperg«. Johann Baptist schuf das Deckenfresko im Chor bis 1749 (im Hauptbild signiert mit »Zimmerman pinx«), im Hauptraum bis 1753/54. An den übrigen Bildern waren wohl dessen Sohn Franz Michael und Gehilfen beteiligt. Die weitere Ausstattung mit Seitenaltären und Orgelbau konnte 1757 abgeschlossen werden. Zum Dank für das Gelingen seines Werkes stiftete Dominikus 1757 ein selbst gemaltes Votivbild.

Bei der Wies handelte es sich um eines der größten Bauprojekte des 18. Jhs. im süddeutschen Raum. Seine Finanzierung verschlang rund 180.000 fl. und bedeutete für den Steingadener Konvent einen großen Kraftakt. Die Einkünfte aus der Wallfahrt reichten bei weitem nicht aus. Dazu kam, dass zur 600-Jahr-Feier der Abtei 1747 auch das Welfenmünster in

Steingaden kostspielig modernisiert worden war. Letzlich mussten für rund 100.000 fl. Kredite aufgenommen werden – eine Verschuldung, die das Kloster bis zu seiner Aufhebung im Jahr 1803 nicht mehr tilgen konnte.

Die Entstehung der Wies-Wallfahrt

Die Umstände, die zur Verehrung des »Gegeißelten Heilands in der Wies« führten, wurden 1746 in der Festschrift zur Grundsteinlegung der Wallfahrtskirche beschrieben. Auf der Suche nach einer Figur für die Karfreitagsprozession soll Abt Hyacinth 1730 in einem Abstellraum mehrere Teile verschiedener Holzskulpturen gefunden haben, die er zu einer Gestalt des Gegeißelten Heilands zusammenfügte. Sie tat ab 1732 drei Jahre lang ihren Dienst am Karfreitag und wanderte dann »wegen ihres geringen Ansehens« wieder in die Rumpelkammer. Im Mai 1738 erhielt die Wiesbäuerin Maria Lori auf ihr Ersuchen hin das stark beschädigte Bildwerk, »welches sie voll der Freuden ungesaumbt in ihr schlechtes, einsames ... Bauren-Hauß ... übertragen, und in ihre Kammer stellen lassen«. Wenig später, am 14. Juni, entdeckte sie Tränen im Gesicht des Gegeißelten und berichtete ihrem Beichtvater davon. Diese Nachricht verbreitete sich rasch. Da sich immer mehr Gläubige auf den Weg machten, um das Christusbild zu sehen und vor ihm zu beten, wurde dafür im folgenden Jahr eine Feldkapelle errichtet. Sie steht noch heute am Fuß der kleinen Anhöhe. Der Augsburger Fürstbischof Joseph und das Kloster Steingaden reagierten anfangs skeptisch auf das »Tränenwunder«. Eine wissenschaftliche Kommission wurde mit der Untersuchung des Falles beauftragt. Diese sprach sich letzlich für die Genehmigung der Wallfahrt aus, weil bislang in Bayern noch keine »besondere Andacht zu diesem Mysterio Passionis Domini zu finden« sei und man damit die Volksfrömmigkeit fördern wollte. Die Anerkennung von »Wundern« vermied man jedoch unter dem Eindruck der beginnenden Aufklärung.

Da bald schon Tausende von Bittstellern in die Wies kamen und die Berichte über göttliche Gnadenerweise immer zahlreicher wurden, erlaubte man ab 1744, Messen zu feiern und in »Mirakelbüchern« die Gebetserhörungen zu publizieren. Auch der permanent wachsende Zustrom der Pilger ist dort dokumentiert. So wurden 1746/47 innerhalb eines Jahres rund 3.800 Messen gelesen (mehr als 10 pro Tag!), rund 40.000 Kommunionen ausgeteilt und 400 Votivgaben gestiftet. Die Pilger stammten zum Großteil aus dem einfachen Volk und kamen aus allen Regionen Süddeutschlands und angrenzender Gebiete. 1757, kurz nach Fertigstellung der Kirche, wurde bereits die Bruderschaft des »Gegeißelten Heilands« gegründet, die nach zehn Jahren bereits 14.000 Mitglieder hatte. Mit einem passenden Reliquiar, einem Partikelchen der Geißelsäule aus der Basilika Santa Prassede in Rom, bereicherte Fürstbischof Joseph 1756 den Kirchenschatz.

Trotz Spott und scharfer Verurteilung durch die Aufklärer ist die Wieswallfahrt bis heute beliebt geblieben und ihr Gnadenbild in zahlreichen Nachbildungen (z. B. »Wieskirche« bei Freising, »Kleine Wies« in Berbling, Seeg, Stöttwang, Wertach, Kloster Buxheim) verbreitet. Neben dem Patroziniumsfest zu Josefi am 19. März wird u. a. am 14. Juni oder am Sonntag danach in der Wieskirche das Tränenwunderfest begangen. Zur Bruderschaft »Zum gegeißelten Heiland« gehören heute rund 350 Mitglieder. Jährlich besuchen mehr als eine Million Menschen die Wieskirche.

DER AUSSENBAU

Die Anlage der Wallfahrtskirche erlangte Ausmaße, die man in dieser Abgeschiedenheit kaum vermuten würde. Das Gotteshaus und die im Osten angeschlossene dreigeschossige Dreiflügelanlage von Priesterhaus und Wallfahrtsmuseum bilden einen stattlichen langgestreckten Baukörper. Der östliche, schlossartige Anbau mit eigenem Zugang zum Kirchenchor diente einst als Priorat und Wallfahrtshospitium. Hier residierte der Steingadener Abt im Sommer und wohnten die vier bis sechs Patres, die den Wallfahrern Seelsorge leisteten. An den schlanken, 45 m hohen Turm mit eleganter Haube schließt sich der 45 m lange und 32 m hohe Kirchenbau an. Seinem Zentralbau mit hohem Walmdach ist im Westen ein kurzes Vorhaus, im Osten der lange Chorbau unter Satteldächern angefügt.

Das Äußere ist gegliedert durch verschieden gestaltete Fenster und Fenstergruppen, die, aus der Ferne betrachtet, wie Ornamentmuster aus den Flächen herausgeschnitten wirken. Die Westfassade ist auf konvex vorgewölbten Grundriss angelegt, so dass sich die Portale in drei Himmelsrichtungen einladend präsentieren. Ihre Wandflächen werden durch vorgesetzte Sandsteinsäulen und Schweifgiebel, geschmückt mit Vasen, vergoldeten Ornamenten und dem Namen-Jesu-Monogramm, gegliedert. Die Säulenbasen, Kapitelle und Fensterlaibungen sind in Ocker gefasst. Nur hier an der Portalwand hat Dominikus Zimmermann für einen Außenbau Säulen verwendet. Durch deren paarige Anordnung an dieser Schnittstelle gelang ihm eine elegante Überleitung zum Gemeinderaum.

IM INNERN: »RAUM-WUNDER« UND »LICHTERLEBNIS«

Der Besucher kann beim Eintreten den weiten, hohen, hellen Raum bis zum Gnadenbild am Hochaltar mit einem Blick erfassen. Dagegen tut man sich schwer, die Begrenzung dieses Inneren zu erkennen. Viele Durchbrüche der Raumschale und illusionistische Effekte bewirken eine undefinierbare Weitung, die dem Betrachter eine unwirkliche Atmosphäre vermittelt. Durch mehr als 40 große Fenster fällt viel Licht durch die Außenwände auf die großen weißen Flächen, die es reflektieren; die Deckenfresken suggerieren die Aussicht in den Himmel. Unübersehbar und wohltuend ordnend dagegen wirkt die strenge Symmetrie in der Anordnung der Fenster, der Wand- und Bildflächen, der Stuckformen, Seitenaltäre, Kanzel und Abtsloge.

Der Gemeinderaum mit Spiegelgewölbe über acht Freipfeilerpaaren ist auf dem Grundriss von zwei Halbkreisen mit eingeschobenem Querrechteck gebildet. Letzteres wirkt mit den Seitenaltären wie ein Querhaus. Ein schmaler, nur 2 m breiter Umgang, um eine Stufe erhoben, schafft eine lichterfüllte Raumzone zwischen dem Innenraum und den stark durchfensterten, dem Licht geöffneten Außenwänden. Mit dieser Kreuzform, der deutlichen Ausbildung von Längs- und Querachse, und den durch den Umgang angedeuteten Seitenschiffen schuf Zimmermann eine originale Synthese zwischen Zentralraum und Basilika. Diesen Bautypus hatte er schon in der Wallfahrtskirche Steinhausen entwickelt. Dort standen die Pfeiler jedoch in nahezu gleichem Abstand im Oval; in der Wies haben sie in der Längs- und Querachse einen größeren Abstand. Der Umgang dient wie in Steinhausen und anderen Wallfahrtskirchen (z. B. Altötting) der liturgischen Funktion feierlicher Prozessionen.

Im Hauptraum stehen zwischen den mittleren Stützenpaaren erhöht die vier abendländischen Kirchenväter Ambrosius mit dem Bienenkorb, Hieronymus mit Totenkopf, Augustinus mit brennendem Herzen und Georg d. Gr. mit der Taube. Der Füssener Bildhauer Anton Sturm (1690–1757) formte sie überlebensgroß als weiß gefasste, mit Gold verzierte Statuen. An den westlichen Pfeilerpaaren sind stattdessen elegante, reich bestückte Blumenvasen postiert – ein Motiv, das der profanen, höfischen Dekoration entstammte. Die Doppelpfeiler waren ursprünglich rötlich-gelb marmoriert (Befund 1904/05; jetzt weiß). Das Stuckornament setzt an den vergoldeten Kapitellen mit Engelsköpfchen ein und entfaltet sich dann über dem Kranzgesims in festlicher Pracht. Von den kurzen Gebälkstücken über den Stützen gehen Arkadenbögen aus, die sich an der dahinter liegenden Fensterwand wiederholen. Ihre bewegte Kurvierung wird von den darüber liegenden Ornamentformen aufgegriffen. Die Zwickelflächen zeigen in Rocaillekartuschen die acht Seligpreisungen der Bergpredigt, die zum ewigen Leben führen (in Anspielung auf das Deckenfresko). Darüber schneiden Stichkappen in das Gewölbe ein und öffnen sich in den Diagonalen zu begehbaren Loggienbalkonen, auf denen im Festgottesdienst die Bläser ihren Standort haben. Die Attikazone über dem Gesims fungiert insgesamt wie ein bewegter Rah-

Wieskirche: Blick zur Orgelempore. Architektur und Stuck stammen von Dominikus (1753/54), das Hauptfresko mit dem Tor zur Ewigkeit von Johann Baptist Zimmermann (1753/54)

men, dessen Formen im Fresko von den gemalten Architekturen des leeren Thrones im Osten und des geschlossenen Tores im Westen aufgegriffen werden. Über dem Choreingang sind unübersehbar die stuckierten Wappenschilder der Bauherren – Abt, Konvent und Kloster Steingaden – angebracht.

Die Fresken und Seitenaltäre im Umgang haben Bekehrung und Buße zum Thema: z. B. über dem Chorbogen sieht man die Sünderin Maria Magdalena vor Jesus; über der Orgel erscheint König David mit Harfe, den der Prophet Nathan wegen Ehebruchs zur Rede stellt. In kleineren, längsovalen und runden Deckenstücken sind die vier Elemente (Feuer, Wasser, Erde,

Luft) sowie musizierende Putti gemalt. Im Hauptbild am nördlichen Altar der Arme-Seelen-Bruderschaft ist die büßende Maria Magdalena (von J. G. Bergmüller), am südlichen Altar der »Bruderschaft zum Gegeißelten Heiland« der reumütige Apostel Petrus (von Joseph Mages) zu sehen.

Die Kanzel, entworfen von Dominikus und ausgeführt von Pontian Steinhauser, einem seiner besten Mitarbeiter, ist ein Meisterwerk der Schnitz- und Stuckaturkunst. Sie erscheint schwebend und schwerelos. Der Schalldeckel wird nur durch den Rahmen angedeutet. Auf ihm türmt sich ein grandioses Gebilde von Ornamenten, das durch Spiegel aufgehellt und reflektiert wird. Es soll wohl das Gewölk des Himmels darstellen, aus dem der Heilige Geist in Sturmesbrausen niederfährt (Apk 2). Auch die weiteren Details beziehen sich auf die Verkündigung der Offenbarung. Dazu gehören das Auge Gottes, die Taube, die Attribute der vier Kirchenväter, die Gesetzestafeln mit den Zehn Geboten und Reliefs der drei göttlichen Tugende Glaube, Hoffnung und Liebe am Kanzelkorb.

Im Westen bildet eine tiefliegende Orgelempore über der segmentförmig vorgesetzten Vorhalle den prächtigen Abschluss des Kirchenschiffes. Zimmermann komponierte sie ähnlich wie in Steinhausen zwischen die westlichen Säulenpaare hinein.

IN ERWARTUNG DES JÜNGSTEN GERICHTS

Das Deckenfresko hat die Ausmaße 23 x 17 m. Es stellt im Anschluss an die Ornamentzone am Wölbungsansatz den Himmel über dem Kirchenraum dar und zeigt darin die Wiederkunft Jesu als Weltenrichter. Im Zentrum sieht man den Sohn Gottes auf dem Regenbogen, dem Symbol für die Herrlichkeit des Herrn (Ez 1,28; Offb 4,3). Christus deutet auf sein durchbohrtes Herz und verweist auf das von Engeln getragene Kreuz (Mt 24,30), das Zeichen der Erlösung, und auf die Geißelsäule. Auffällig ist dabei, dass nicht der Sohn Gottes in der Glorie erscheint, sondern das Kreuz in das hellste Licht getaucht ist. Anders als im barocken Deckenbild ist hier nun die Glorie aus dem Zentrum gerückt und zeichnet keine Persönlichkeit mehr aus, sondern ein Attribut. Zur Linken Christi befindet sich der Thron Gottes mit dem Symbol der Dreifaltigkeit. Auf Wolken zu Seiten Christi sitzen die Apostel, die Vertreter der neun Engelschöre, Engel und Erzengel, Fürstentümer (Kurhut) und Gewalten (Helm, Säule), Kräfte (Kugel) und Herrschaften (Krone und Szepter). Unter dem Regenbogen – ein überzeugender kompositorischer Einfall – ist die »Braut Christi«, das Sinnbild der Kirche, platziert. Sie blickt mit hell erleuchtetem Haupt und ausgebreiteten Armen zu Christus auf. Erzengel, darunter Michael, Gabriel, Raphael und Uriel (mit Weihrauchfass), begleiten sie. In alle vier Himmelsrichtungen sind fliegende Engel mit Posaunen gemalt, die zum Gericht blasen. Über dem Eingang zum Chor steht der Richterstuhl mit Siegespalme und Feuerschwert (Lohn und Strafe), flankiert von zwei Engeln mit den Büchern des Lebens und der ewigen Verdammnis (Offb 17,8; 20,12f.). Über dem Ausgang im Westen sieht man das noch verschlossene Tor zur Ewigkeit. Der Engel, der davor erscheint (aus Offb 10), hat die Hand zum Schwur gehoben und vermittelt die Botschaft »Tempus non erit amplius« – »Es wird keine Zeit mehr sein«, das heißt, dass die Gelegenheit zu Reue und Umkehr bald vorbei ist. Darüber befindet sich die Schlange, die sich in den Schwanz beißt und damit einen Ring bildet, der keinen Anfang und kein Ende hat, als Symbol der Ewigkeit. Chronos, der Gott der Zeit, sinkt mit dem Stundenglas zu Boden – mit dem letzten Gericht endet die Zeit.

Trotz der ernsten Thematik mit der Mahnung zur Buße und Einsicht, so lange noch Zeit ist, wählte Johann Baptist eine helle, leuchtende, feierlich-festliche Farbpalette. Anders als im Barock (z. B. bei Rubens) wird das Jüngste Gericht hier nicht als Schreckensszenario mit der Androhung von Höllenstrafen dargestellt, sondern als Ausgangspunkt für die Herrlichkeit des Gottesreiches am Ende aller Zeiten. Das Bildprogramm der Deckenfresken in Umgang und Hauptraum vermittelt dem Pilger die Heilserwartung, die ihm aus Christi Passion erwächst, den Gewinn, den er mit seiner Wallfahrt erhält: Die innere Umkehr und religiöse Erneuerung führen ihn zum wahren Glück. Diese veränderte Sichtweise ist wohl schon eine Reaktion auf den Zeitgeist und die drängenden Fragen der Aufklärung, in denen die überlieferten Vorstellungen vom Endgericht angezweifelt werden.

DIE CHORHALLE DER WIES

Der zweigeschossige Chor mit Doppelaltar ist von einer gedrückten Tonne überwölbt und im Erdgeschoss durch weiße Pfeilerarkaden, auf den Emporen durch blaugraue Stuckmarmorsäulen begrenzt, die Altar- und Raumarchitektur miteinander verbinden. Seine Decke ist gleich hoch wie die Gewölbe im Umgang des Gemeinderaumes, weshalb die Ansicht vom Eingang her harmonisch wirkt. Der Chor erinnert in seiner Dreischiffigkeit an eine Halle. Die schmalen Umgänge führen im Erdgeschoss zur Sakristei hinter dem Chor, im Emporengeschoss zum oberen Altar sowie zur Kanzel und Abtsloge, in deren Gitterwerk links das Wappen von Abt Marian Mayr, in der Mitte seine Initialen, rechts Stab und Mitra als seine Insignien zu sehen sind. Deutliche horizontale Elemente bilden die Balusterreihen und die ganz in Zimmermanns Formensprache geschnitzten, weiß-golden gefassten Holzgitter der Emporen. An Stelle des Gewölbeansatzes befindet sich im Chor eine Reihe von sieben durchbrochenen, in rhythmischer Folge abwechselnd stuckierten Rocaille-Kartuschen mit Bögen. Sie sind nach unten (!) gewölbt. Diese hängenden Bögen sind ein von der Fachwelt viel diskutierter Einfall Zimmermanns, der an keinem seiner anderen Gebäude zu beobachten ist (vgl. Abb. S. 128, 131).

Über ihnen eröffnen sich in Form von monumentalen Ornamentkartuschen, deren Mittelfeld offen ist, Durchblicke auf die kleinen Bildfelder des oberen Umgangs. Die sechs Fresken zeigen Szenen mit den Heilungswundern Christi: Heilung des Lahmen am Teich von Bethseida, Heilung von Besessenen, Aussätzigen, geistig Kranken und Tauben, Heilung von Blinden und Auferweckung des Lazarus. Es sind trostreiche Ereignisse, die das Neue Testament berichtet, und die den Pilgern, die vor dem Gnadenbild beten, Hoffnung vermitteln. Die Rocailleformen der oberen Zone ersetzen das traditionelle Gebälk und bilden den Rahmen des Himmelsbildes. Wandabschluss und Deckenansatz bleiben undefiniert. Die tragenden Glieder, v. a. die Säulen,

Wieskirche: Das Hauptfresko »Die Wiederkunft des Herrn in Herrlichkeit« von Johann Baptist Zimmermann, 1753/54

haben ihre tektonische Struktur verloren, sie sind ornamental verfügbar geworden. Schon in Steinhausen und Günzburg erarbeitete Dominikus Vorstufen dieser Entwicklung. Auch sein Bruder ersetzte in der Amalienburg bereits durch seine Stuckarbeiten das architektonische Gliederungssystem von Cuvilliés.

Im Chordeckenfresko erscheinen Gott Vater und der Heilige Geist in der Glorie. Sie bezeugen die Göttlichkeit Christi, der als gegeißelter Heiland im Hochaltar präsent ist. Die Leidenswerkzeuge, die von Engeln emporgetragen werden, verweisen auf seine Erlösungstat. Johann Baptist hat sein Werk an der Geißelsäule signiert mit »Zimmerman pinx«. Die seitlichen Flächen der Decke sind symmetrisch aufgebaut; im Westen und Osten erscheint das gleichartige Motiv des Baldachins.

Die Arkaden leiten zum doppelstöckigen Hochaltar über, einem sechssäuligen Ädikularetabel mit einer Baldachinkonstruktion über dem Auszug. An ihm finden sich die Bauelemente des Chors in konzentrierter Form wieder. Auf dem dunkel marmorierten Sockelgeschoss zu Seiten der Mensa und des Tabernakels erheben sich auf hohen Postamenten die Säulen aus rotweißem Stuckmarmor und rahmen das Altargemälde. Der Tabernakel enthält – vergleichbar mit anderen Wallfahrtskirche, wie z. B. Altötting, Vilgertshofen, Andechs, Ettal etc. – den Schrein mit dem Gnadenbild. Sein Bereich ist in gedämpftes Licht getaucht und betont auf diese Weise das Mysterium des Tränenwunders. Durch seinen stark vergoldeten Rahmen ist er deutlich hervorgehoben. Auf der unteren Altarnische ist ein Pelikan platziert, der sich die Brust aufreißt, um mit dem eigenen Blut seine Jungen zu nähren; ein Symbol des gegeißelten Heilands und seines Opfertods.

Das darüber befindliche Altarbild, 1753 von Hofmaler Balthasar Augustin Albrecht gemalt, verbildlicht mit der Darstellung der Heiligen Sippe, der engsten Verwandtschaft Jesu, die vor dem »Mausoleum Davidis« um das Jesuskind versammelt ist, eine Aussage der Offenbarung (Off 22,16). Die Menschwerdung Jesu bildete die Voraussetzung für die Erlösung. Die lebensgroßen Stuckfiguren am Hochaltar, geschaffen von Aegid Verhelst um 1747/48, zeigen zu Seiten des Gemäldes den

Propheten Jesaias und eine Figur ohne Attribute (Malachias?) sowie zwischen den Säulen, die das Altarbild einrahmen, die vier Evangelisten mit biblischen Hinweisen auf die Geißelung. Über dem Altar im mittleren, vergoldeten Durchbruch steht das apokalyptische Lamm aus der Offenbarung des Johannes in leuchtendem Weiß auf dem Buch mit den Sieben Siegeln.

Die Botschaft der Bilder

»Christus als Lamm Gottes« bestimmt das theologische Programm der ganzen Kirche. Der Weg des Erlösers durch das Leiden (der gegeißelte Heiland des Gnadenbildes) zur Herrlichkeit (der Triumph der »Arma Christi« im Chorfresko) und die Vollendung seines Werkes am Ende der Zeiten (im Fresko des Hauptraumes) wird dem Pilger vor Augen geführt. Über dem Langhaus öffnet sich der Himmel über einer das Gericht erwartenden Erde. Der dort wiederkehrende Christus ist über die Darstellungen der reuigen Sünder im Umgang und die Wunderheilungen im Chor auf das Gnadenbild bezogen und gibt damit der Wallfahrt auf neue Weise einen Platz in einer Kirche, die auf die Wiederkunft Christi ausgerichtet ist. Bernhard Rupprecht hat darauf hingewiesen, dass das Bildprogramm der Wies erst durch den Betrachter vervollständigt wird: »Und besonders ist wichtig ... das Fehlen der zu Richtenden im Fresko. Diese aber sind die Wallfahrer selbst, Christus und Michael blicken auf sie herab. Die Wallfahrer vervollständigen so inhaltlich das Gesamtkunstwerk, ein letzter Hinweis auf die Bildhaftigkeit der ganzen Anlage.«

JUWEL DES ROKOKO

Die von Dominikus Zimmermann erbaute und stuckierte sowie von seinem Bruder freskierte Wieskirche wird einhellig als Spitzenleistung Wessobrunner Dekorationskunst in der Endphase des bayerischen Rokoko gewertet – »a perfekt masterpiece of rococo art«, lautete die Begründung in der »World Heritage List«. Dominikus gelang mit dem Gemeinderaum eine

grandiose Weiterentwicklung des Zentralraums (vgl. z. B. Klosterkirche Weltenburg, 1718) durch die Einschiebung eines Rechtecks in zwei Kreisteile. Langhaus und Querhaus sind in einem weiten Oval zu einem Einheitsraum verschmolzen. Mit dieser Kreuzform, der deutlichen Ausbildung von Längs- und Querachse, und den durch den Umgang angedeuteten Seitenschiffen schuf er eine elegante Synthese zwischen Zentralraum und Basilika. Nicht weniger spektakulär ist die intensive Einbeziehung des Lichts als eigener künstlerischer Faktor.

In diesem Bau wurden Architekturelemente ornamental verwendet, z. B. die Arkadenbögen im Chor, die nichts anderes als monumentale, durchbrochene Rocaille-Kartuschen darstellen. Überhaupt werden konstruktiv bedeutsame Elemente, z. B. Zwickel, Scheidbögen und Wölbungsansätze, in dekorative Formen wie Rocaillen, Kartuschen oder Voluten überführt. Diese kompromisslose Übertragung der Rocaille und anderer Ornamentformen auf die Architektur ist eine singuläre Leistung Zimmermanns, die er über mehrere Vorstufen entwickelt hat. Er setzte seine filigrane Architektur dadurch in ein besonderes Verhältnis zu Ornament und Licht. Die ornamentalen Durchbrüche an den Gewölbefüßen und die starke Durchfensterung der dünnen Außenwände bewirken eine große Helligkeit an der Raumschale und im Innenraum. »Des Dominikus Idee war, in der Kirche einen möglichst unbegrenzten Raum zu geben, der nicht bloß durch die ungewöhnlich freie Konstruktion, sondern auch durch den steten Wechsel des einfallenden Sonnenlichtes in eine fortwährende, den Beschauer mit sich reißende Bewegung kommen sollte...« (Michael Hartig). Die Eleganz und Leichtigkeit der Räume erzielte der Architekt durch einen Kunstgriff: Er ließ die Flachdecken im Gemeinderaum und im Chor aus Holz zimmern und im Dachstuhl befestigen, so dass die schlanken Stützen dadurch weniger belastet wurden. Den Eindruck eines Gewölbes vermittelte erst die Freskomalerei Johann Baptists.

Wieskirche, Hochaltar und Chorwölbung: Architektur und Stuck (vor 1749) stammen von Dominikus, das Fresko mit der Darstellung der Arma Christi (1749) von Johann Baptist Zimmermann

Gleichzeitig schufen die Brüder in ihrem Gemeinschafts-
konzept ein bis in die letzten Einzelheiten durchdachtes Gebäude, in dem Fresko und Stuck effektvoll verschmelzen. In
dieser Zeit findet allgemein eine stilistische Annäherung zwischen den Ornamenten der beiden Brüder statt. Der mit zahlreichen darstellenden Dekorationselementen durchsetzte Ro-
caille-Stuck ist in der Gewölbezone der Kirche ausgebreitet und
greift in die Deckengemälde ein, in die wiederum auch Formen
des Stucks aufgenommen werden. Dominikus fertigte insgesamt sehr elementare Stuckformen: phantastische Wolken-
gebilde, Stuckzungen, Flammen- und schuppenartige Auswürfe
»wie am Rücken eines Drachen«, verbunden mit den verschie-
densten Spielarten der Rocaille. Die Farbigkeit der weitgehend
erhaltenen originalen Fassung des 18. Jhs. hat Gewicht gegenüber dem Weiß der Wände und Pfeiler. Sie akzentuiert die iko-
nologischen Schwerpunkte. Es dominieren neben Weiß und
Gold die Farben Blau, Grün und Rot, die zugleich die göttlichen
Tugenden Glaube, Hoffnung und Liebe symbolisieren.

Die Wieskirche stellt einen Raum von ungewöhnlicher
Lichtfülle und Pracht dar, der den Besuchern als Widerschein
der Herrlichkeit Gottes vor Augen geführt wird. Er sollte beim
Wallfahrer Erstaunen und Bewunderung hervorrufen und ihn
aufnahmefähig machen für die religiöse Botschaft einer Kirche
Christi, die auf die Wiederkunft des Herrn und das Himmlische
Jerusalem ausgerichtet ist. Im Gegensatz dazu steht das unge-
schönte Gnadenbild, das die Qualen Jesu vor Augen führt und
zum Mitleiden anregt. Es bietet Trost für die Pilger und die Ver-
heißung auf Erlösung. »Der Bau der Brüder Zimmermann ist
ein kostbarer Schrein, in dem sich diese Volksfrömmigkeit mit
höchster Kunst verschwistert« (Frank Büttner). Dominikus war
sich der Bedeutung seines Werks durchaus bewusst. In einem
Brief an den Abt von Kaisheim schrieb er von »der Grossen Welt
berümbden Walfahrts Kirchen auf der Wiß«.

EINE WIESKAPELLE IN DER OBERPFALZ

Eine der ersten Nachbildungen der Wieskirche von Steingaden schuf Dominikus Zimmermann wohl selbst. Sie entstand

Wieskirche: Entwurf Dominikus Zimmermanns für die Dekoration im Chor

aufgrund der Beziehung zwischen den beiden Prämonstra-
tenserklöstern Steingaden und Speinshart. Letzteres wurde
nämlich nach seiner Aufhebung in der Reformationszeit ab
1661 von Ersterem aus neu besetzt. Nachdem sich beim Kloster Steingaden die neue Wallfahrt zum »Gegeißelten Heiland

auf der Wies« entwickelt hatte, besuchte der Speinsharter Abt Dominikus I. von Lieblein (1706–71) die Baustelle im Jahr 1748. Er konnte damals vermutlich Zimmermann für ein Konzept zur Gestaltung seiner geplanten Totenkapelle in Speinshart gewinnen, in der eine Kopie des Gnadenbildes aufgestellt werden sollte. Da die Kapelle auch einige Parallelen zu Zimmermanns übrigen Werken aufweist, darf man davon ausgehen, dass er selbst die Pläne dazu lieferte. Den Grundriss des Baus bestimmt, vergleichbar mit der Johanneskirche in Landsberg, ein Oval, das in rechteckige Umfassungsmauern gesetzt ist. Die Ecken füllen halbrunde Nischen, wie man sie auch in den Bauten in Landsberg und Buxheim wiederfindet.

Die Arbeiten an der Kapelle wurden von Handwerkern aus der Region durchgeführt. Als Zimmermann im Januar 1750 nach Speinshart kam, war der Rohbau nahezu fertig. Im gleichen Jahr begann Lorenz Ziegler aus Kemnath mit der Ausmalung des Innenraumes. Das heute nur noch fragmentarisch erhaltene Bildprogramm zeigt Anlehnungen an das der Wieskirche; so erscheint an der Decke des Ovalraumes ebenfalls das Kreuz Christi als triumphales Zeichen des Heils. Die umrahmenden Kartuschenbilder beziehen sich auf die Funktion der Kapelle mit Szenen aus dem Alten und Neuen Testament zum Thema Tod und Auferstehung, wie auch die Darstellung der Auferstehung Christi über dem einstigen Hauptaltar. Stuckrahmungen und -ornamente, wie sie in der Wieskirche in Überfülle erscheinen, wurden hier aus finanziellen Gründen jedoch nur malerisch umgesetzt. Als am 10. Mai 1752 die feierliche Einweihung der Kapelle vollzogen wurde, befand sich am Hauptaltar bereits die von einem Kemnather Bildhauer gefertigte und von goldenem Schnitzwerk umrahmte Holzskulptur des gegeißelten Heilands. Der Abt hatte sie zuvor noch nach Steingaden gebracht, um sie mit dem dortigen Gnadenbild zu berühren, in der Hoffnung darauf, dass die heilsame Kraft des Originals auch auf die Speinsharter Replik übergehen möge.

Passionsfrömmigkeit im 18. Jahrhundert

Durch die intensive Anteilnahme der Gläubigen an den Leiden Christi hatte sich bereits im Mittelalter eine eigenständige Passions-Spiritualität ausgebildet, in deren Folge neue Bildthemen (Pièta, Schmerzensmann), Passionsspiele, -lieder und -gedichte entstanden. Im Zuge der Gegenreformation und der damit verbundenen Erneuerung des religiösen Lebens entwickelte sich diese Tradition in der Barockzeit zu neuer Blüte. Bruderschaften, die das Sterben Jesu besonders verehrten, wurden wiederbelebt oder neu installiert (z. B. die bereits 1609 begründete Münchner Corporis-Christi-Erzbruderschaft bei St. Peter), neue Kompositionen von Karfreitagsoratorien, Fastenmeditationen und Kantaten entstanden – z. B. Werke des Prämonstratenser Sebastian Sailer (1714–77) aus Stift Obermarchtal, des Benediktiners Beda Mayr (1742–94) aus Kloster Heilig-Kreuz in Donauwörth, des Augustinerchorherrn Primus Koch (1758–1812) aus Kloster Rottenbuch –, einschlägige Predigten und Erbauungsbücher wurden publiziert, wie etwa das »Große Leben Christi« von Caspar Erhard (1670–1754). Der Ettaler Benediktiner und Dramatiker Ferdinand Rosner (1709–78) schuf 1750 die »Passio nova«, ein in Reimen geschriebenes barockes Theaterstück für die Oberammergauer Passionsspiele, das zum Vorbild für viele weitere bayerische Passionsspiele wurde.

Unter den zahlreichen Ölberg- und Kreuzwegandachten sowie Umzügen in der Fastenzeit, die in Altbayern im 18. Jh. stattfanden, stand die Augsburger Karfreitagsprozession in einem besonderen Ruf, da bei ihr u. a. viele lebensgroße Skulpturen auf sinnfällige Weise bei den Zuschauern Andacht und Mitleid erregten. Abt Hyazinth Gaßner von Kloster Steingaden wurde bei einem Besuch dieser Veranstaltung dazu angeregt, eine ähnliche Prozession in Steingaden mit der Figur eines gegeißelten Heilands durchzuführen, der später zum Gnadenbild der Wies werden sollte.

8 Das Spätwerk der Brüder

JOHANN BAPTIST: VOLLE AUFTRAGSBÜCHER BIS ZULETZT

Kurfürst Max III. Joseph (reg. 1745–77) gelang es, Bayern in seinen alten Grenzen wieder herzustellen. Er verzichtete auf eine Kandidatur bei der Kaiserwahl, reduzierte die Ausgaben für das Militär, schränkte das üppige Hofleben ein und hatte keinen Bedarf mehr an den »Reichen Zimmern« mit ihrem imperialen Anspruch. Für sich und seine Gemahlin Maria Anna von Sachsen ließ er von Cuvilliés die Räume über dem Antiquarium neu gestalten und anstatt der Paradetreppe einen Speisesaal einrichten. Nach einem Brand, der 1750 große Teile der Neuveste vernichtete, erhielt Cuvilliés den Auftrag, in der Südostecke der Residenz ein »Neues opera gebäu«, das Alte Residenztheater (»Cuvilliés-Theater«), zu erstellen. Dabei handelte es sich um den einzigen Großauftrag des vormals vielbeschäftigten Hofarchitekten in München. Zimmermann malte im Zuschauerraum 1753 unter Mitarbeit von Johann Georg Winter (1707–70) ein Bild der Göttin Minerva als Beschützerin der Künste (1801 übermalt). Ein weiteres Fresko im kurfürstlichen Empfangssalon vor der Hauptloge führte sein Geselle Martin Heigl aus (beide Arbeiten 1944 zerstört). Der neue Kurfürst beschränkte sich im Wesentlichen auf kleinere Umbauten, z. B. die Ausgestaltung des Großen Saals in Schloss Nymphenburg (s. unten), und Restarbeiten, wie die Fassadengestaltung der Theatinerkirche, die 1765–67 – 90 Jahre nach der 1675 erfolgten Kirchweihe – von Cuvilliés Sohn abgeschlossen werden sollte. Johann Baptist glich den Ausfall von Arbeiten für den bayerischen Hof durch viele Aufträge aus dem kirchlichen Bereich aus. Fast immer war der prominente Künstler nun gleichzeitig als Stuckateur und Freskant gefragt. Unter einer immer größer werdenden Beteiligung seiner Werkstatt schuf er in den letzten Jahren noch eine Reihe elegant-beschwingter Raumausstattungen im Stil des Rokoko. Höhepunkte dieser Zeit sind – neben den Aktivitäten auf Bayerns heiligem Berg in Andechs (s. S. 135f.) – seine Werke in der Dominikanerkirche St. Blasius

Andechs, Klosterkirche, südliches Seitenschiff: Decken-
fresko mit der Entdeckung der drei Quellen von Wesso-
brunn von Johann Baptist Zimmermann, 1754

in Landshut (1749/52), in St. Peter in München (1753/54), in den Klosterkirchen der Prämonstratenser in Schäftlarn (1754/55) und Neustift bei Freising (1756) sowie in der Wallfahrtskirche St. Anna in München-Harlaching (1756).

Ab 1751 entstand unter Abt Bernhard Schütz die Ausschmückung der Benediktinerkloster- und Wallfahrtskirche St. Nikolaus und St. Elisabeth in Andechs. Ein besonders interessantes Werk stellt hier das Deckenbild in der nördlichen Seitenkapelle, der Grabkapelle der Familie Törring-Seefeld, dar. Clemens Joseph Gaudenz, Graf von Törring, erteilte Zimmermann 1754 den Auftrag dazu. Das Fresko ist eingebet-

tet in festliches Stuckornament mit variationsreichen Rocail-
lemotiven in Gold und Weiß. Es zeigt eine Szene aus der
Gründungslegende des Klosters Wessobrunn, nämlich die
Auffindung der drei Quellen durch Herzog Tassilo III. Die
zwei Edelleute, die den Herzog, der im Zentrum der höfischen
Jagdgesellschaft steht, laut Sage begleiteten, hießen Wesso –
von ihm leitete das Kloster seinen Namen ab – und Torro, der
als Ahnherr der Törring galt und damit ein Gewährsmann für
die Beteiligung des Geschlechts am legendären Ereignis war.
Einer der Männer weist Tassilo auf die Quellen hin. Doch dieses Wunder äußert sich nicht in einem Einbruch des Überirdischen oder in einer besonderen Lichterscheinung, wie es
der barocken Tradition nach gestaltet werden müsste. Das
Geschehen ist hier nur mit einem fragenden Blick und einer
Geste in der normalen Einsamkeit eines Waldstücks gezeigt.
Es handelt sich dabei um das Bemühen, die historische Über-
lieferung als Wirklichkeit und Wahrheit in einer alltäglichen
Szenerie darzustellen. »Der Geschichtsauffassung des 18. Jhs.
wurde mit diesem Bild ein Denkmal gesetzt« (Karl Bauer). Es
will keinerlei Illusion bewirken; auch auf die Vermittlung einer Höhenperspektive durch die Farbe oder das Licht wurde
verzichtet. Grün- und Brauntöne, die Farben der Erde und der
realen Landschaft, herrschen vor. Zimmermann hat hier radi-
kal mit den spätbarocken Bildkompositionen seiner Künst-
lerkollegen gebrochen.

Mit zunehmendem Alter legte er nur noch bei den wichtigsten Arbeiten selbst Hand an. Er reduzierte seine Aktivitäten auf die Verhandlungen mit Auftraggebern, die Ausarbeitung der Entwürfe, überwachte und korrigierte die
Ausführung durch seine Gesellen und organisierte deren Einsatz. In der Wallfahrtskirche Maria Brünnlein in Wembing
z. B. ist seine Anwesenheit nur für zwei kurze Aufenthalte
1752/54 bezeugt, in denen er sich als Planer ein Bild vom Fort-
schritt der umfangreichen Ausgestaltung mit Fresken und
Stuck machte, die u. a. seine Stuckateure Thomas Finsterwalder und Thomas Zöpf sowie die Maler Martin Heigl und Sohn
Franz ausführten.

Festlicher Schlussakkord: Der Steinerne Saal in Schloss Nymphenburg

Die prunkvolle Dekoration des zweigeschossigen Steinernen Saals erfolgte zwischen 1755 und 1757 und war das letzte große Werk des Hofstuckateurs im Dienste des bayerischen Herrscherhauses. Zugleich handelt es sich – neben den nicht näher bekannten Fresken im zerstörten Residenztheater – um das einzige Werk der Deckenmalerei im Auftrag der Wittelsbacher. Der großzügig dimensionierte Raum erhielt seine Form 1702 durch den Graubündner Baumeister Giovanni Antonio Viscardi. Die ältere Ausstattung mit einer kleinteiligen Stuckdecke von 1676, die einen Diana-Bilderzyklus von Johann Anton Gumpp (1701/02) enthielt, entsprach nicht mehr dem herrschenden Geschmack und wurde entfernt. Die Wände des Saals gliedern flache, kannelierte Kolossalpilaster, zwischen denen sich in weiß- und goldfarbenen Rocaillerahmen die Bilder an den Wänden und über den Türen befinden; darüber bildet ein nur wenig verkröpftes Gebälk den oberen Abschluss. In der breiten Rahmenzone des Deckenfreskos sind Bildfelder, figürlicher Stuck und ein symmetrisches Band aus Rocaillen angeordnet.

In dem von Zimmermann entworfenen Hauptfresko ließ sich Max III. Joseph ein Denkmal seiner Friedenspolitik setzen. Das umfangreiche Bildprogramm des ganzen Saales und seiner Nebenräume sollte Wohlstand und Blüte des Landes im Frieden ausdrücken und die Regentschaft des Kurfürsten mit der Wiederkehr des Goldenen Zeitalters in Bezug setzen. Die umlaufende Gartenlandschaft in dem farbenprächtig gestalteten Deckenbild vermittelt arkadische Gefilde. An der Parkseite huldigen Nymphen der Göttin Flora – ein Verweis auf den Namen des Schlosses. Gegenüber liegt der Parnass, auf dem Orpheus und Minerva die Musen, die in Friedenszeiten aufblühen, unterweisen. Der hier dargestellte Orpheus ist eine Anspielung auf den musikliebenden Kurfürsten, der selbst komponierte und die Gambe spielte. Auf der

linken Seite befindet sich eine Gruppe um die Liebesgöttin Venus, rechts gegenüber verweist Jagdgöttin Diana auf die Funktion des Gebäudes. Im Zentrum fährt Apoll auf seinem Sonnengespann, den Flammenpfeil in der Hand, über die Wolken, geleitet von Aurora, der Morgenröte, mit Stern und Fackel. Seitlich davon thronen weitere Götter des Olymp im Himmel. Dominierendes Element ist der bunte Regenbogen, der sich über den Himmel spannt, ein Symbol der Versöhnung. Schon im Hauptraum-Deckenfresko der Wies diente er als wichtiges Motiv (Abb. S. 124). Unterhalb fliegt Merkur, der Götterbote. Er bringt die Botschaft des Friedens und verkündet mit der Trompete der Fama den Ruhm Max III. Josephs, der seinem Land ruhige Zeiten und Glück gebracht hat. Saturn mit Sense in seiner Begleitung gibt der Hoffnung Ausdruck, dass die Saat des Friedens aufgehen möge. Auffällig sind einige Landschaftsteile, wie eine Waldlichtung oder ein Laubengang, die ohne weitere Bedeutung eingefügt sind. Sie dienen allein der Ausschmückung und werden dadurch bildwürdig. Die wenigen architektonischen Teile (Brunnen etc.) sind zum Großteil aus Rocailleformen gebildet.

Laut den Verträgen erhielt Johann Baptist für die Deckenfresken 2.800 fl., für die Wanddekoration 2.400 fl. Als letzte Zahlung bekam er für die kleineren Säle am 29. Dezember 1757, drei Monate vor seinem Tod, noch 1.850 fl. Die Dekoration des Steinernen Saales haben fast vollständig – vermutlich nur mit Ausnahme der zentralen Apollo-Gruppe – Gesellen nach seinen Entwürfen geschaffen. Als Gehilfen sind sein Sohn Franz sowie Martin Heigl bezeugt. Letzterer hat offensichtlich das meiste davon bewältigt, denn als Anerkennung für seine »auf dem Saal zu Nymphenburg Verfertigte Arbeith« verlieh man ihm 1757 den Hofschutz, eine hohe Auszeichnung.

Schloss Nymphenburg: Ölskizze Johann Baptist Zimmermanns für das große Fresko im Steinernen Saal, 1755

1756 starb Johann Baptists Ehefrau Elisabeth. Sie wurde am 9. Juli auf dem Petersfriedhof begraben. Bereits am 11. November heiratete der Witwer zum zweiten Mal. Seine Auserwählte war Maria Christina Mansrieder aus Hall im Tirol, die aus einer wohlhabenden Kaufmannsfamilie stammte. Er lebte mit ihr vor seinem Tod in der Herzogspitalstraße. Am 26. Februar 1758 – im Alter von 78 Jahren – beschloss der Hofstuckateur sein Leben. Johann Baptist Zimmermann wurde am 2. März auf dem Friedhof von St. Peter in München mit einer Prozession feierlich zu Grabe getragen.

DOMINIKUS: »DER MIESIGGANG WEHRE MEIN DOTT«

Auch noch im hohen Alter brachte der jüngere der Brüder den Ehrgeiz und die Energie auf, neue Bauprojekte in Angriff zu nehmen. Dabei musste er aber manche Enttäuschung erleben. Als ihm 1754 die Reichsäbtissin Franziska von Gall den Auftrag zum Umbau der Klosterkirche von Gutenzell entzog, befürchtete er »unausbleibliche Prostitution (= Bloßstellung) und allseitigen Misscredit«. Sie hatte die von ihm veranschlagte Bausumme von 2.000 fl. als zu hoch empfunden, da er einst zur Profess seiner Tochter nur die Hälfte verlangt hatte. Sie forderte daher den Augsburger Stuckateur Franz Xaver Feichtmayr auf, ebenfalls einen Entwurf abzugeben. Dieser wollte für die Ausführung nur 1.300 fl. Honorar. Mit Rücksicht auf dessen im Kloster lebende Tochter machte die Äbtissin Dominikus den Vorschlag, nach dem fremden Entwurf und zu dem niedrigeren Betrag den Auftrag zu übernehmen, was dieser jedoch entrüstet ablehnte. Besonders bitter für ihn war, dass es sich bei dem Konkurrenten um einen nahen Verwandten, den Sohn seiner Schwägerin, handelte. In seinem letzten Brief an Franziska von Gall am 24. Januar 1755 brachte er seine Haltung deutlich zum Ausdruck: »... und wan ich schon allt bin, so getrau ich mier doch noch in meiner kunst mit jedem Jungen zu fechten, gedt mier auch nichts ab, als daß mundtstuckh (= Mundwerk), nach dem jetzigen weldt brauch .... Ich bin der mahlen gantz faciert (= ohne Arbeit): sonst wehre ich gesindt den zue kinf-

tigen somer ein weidte Reiss vohr zu nemen, dan der miesig-
gang wehre mein dott ...« Immerhin erhielt er für seinen Plan
noch ein Honorar von 52 ½ fl.

Am 4. Juni 1752 starb seine Gattin Theresia. Da der Sohn
Franz Dominikus seit 1750 einen eigenen Hausstand mit der
Bäuerin und Wirtin Maria Lori im Ort Wies führte, lebte nun
kein weiteres Familienmitglieder mehr im Landsberger Haus.
Der Witwer plante zuerst, sich in Kloster Schussenried als
Pfründner niederzulassen, sich also durch die Einbringung ei-
nes entsprechenden Vermögens Unterkunft und Pflege bis an
sein Lebensende zu sichern. Er fühlte sich dem Stift durch
seinen Sohn Johann Georg verbunden, der hier unter seinem
Ordensnamen Pater Judas Thaddäus dem Konvent angehörte.
Außerdem hatte er 1748 einen anspruchsvollen Plan für den
Neubau des Klosters geliefert. Es handelte sich um einen reprä-
sentativen Trakt, der die Kirche symmetrisch umschließen sollte und u. a. einen prunkvollen Bibliothekssaal vorsah. Dessen
Realisierung hätte er vor Ort gut überwachen können. Man
schlug ihm diese Bitte aber aus. Der Grund lag vermutlich in
dem teuren Bau der zum Schussenrieder Kloster gehörenden
Wallfahrtskirche Steinhausen, für den seinerzeit nur ein Fünf-
tel der Bausumme vorgesehen war, die er letztendlich kostete.
Man befürchtete wohl, dass der Baumeister auch diesmal die
Ausgaben in die Höhe treiben würde. Der Konvent entschied
schließlich, zwar nach Zimmermanns Plänen zu bauen, die
Ausführung jedoch Jacob Emele (1707–80) zu übertragen.

Bei Emele handelte es sich um einen ehemaligen Gehilfen
Zimmermanns, dessen Präsenz schon für Steinhausen bezeugt
ist. Er hatte auch einen eigenen Entwurf für Schussenried ein-
gereicht, der jedoch unberücksichtigt blieb. Man ernannte ihn
1750 zum Klosterbaumeister und begann mit der Errichtung
der Anlage, die dann aber trotzdem wegen zu hoher Kosten vor
der Vollendung abgebrochen werden musste. 1753 starb außerdem Pater Judas Thaddäus, so dass es für Dominikus keinen
Grund mehr gab, in Kloster Schussenried wohnhaft zu werden.
Daher entschloss er sich, seinen Alterssitz »auf die Wies« zu
verlegen. Sein Haus, der um 1754 errichtete Walmdachbau mit

Landsberg, Friedhofskirche St. Johannes: Der Altaraufbau aus Stuck und Stuckmarmor sowie das Fresko mit einer Darstellung der Jordanlandschaft stammen von Dominikus Zimmermann, unter Mitarbeit von Nikolaus Schütz, um 1752/54

Wohnräumen und Laden auf rechteckigem Grundriss und einer reich verzierten Fassade, entstand nur wenige Schritte entfernt von seinem Meisterwerk, der »uf der grossen Welt berüembten Wallfahrths-Kirchen auf der Wiß, die ich gepauet und aufgestuckhadort habe«.

ROCAILLE-ARCHITEKTUR IN VOLLENDUNG: DER TAUFE-CHRISTI-ALTAR IN LANDSBERG.

Dominikus arbeitete in dieser Zeit noch an einigen Meisterwerken. Den krönenden Abschluss seiner Altarbauer-Karriere schuf er mit dem großartigen Hochaltar der Johanneskirche in Landsberg, der 1754 eingeweiht wurde. Durch die enge Öffnung mit flankierenden Säulen wirkt der Chorraum vom Gemeinderaum aus auf den Betrachter wie eine traumhafte Erscheinung. Dominikus fertigte den Aufbau in Stuck sowie das Hintergrundfresko an der Apsiswand. Die zentrale Figurengruppe der Taufe Jesu zwischen den versetzt angeordneten Säulenpaaren lieferte der Landsberger Bildhauer Johann Luidl. Auf den ersten Blick erinnert das Werk an einen Baldachinaltar mit flankierenden Säulen, doch besteht hier der Großteil aus Ornamentformen und die gesamte Komposition ist eine »forme rocaille«, ganz aus Rocaillen aufgebaut, die unwirklich schwebend einen lichtdurchfluteten Raum bilden. Vorbilder für Rocaillenarchitekturen dieser Art boten Augsburger Ornamentblätter von Jeremias Wachsmuth und anderen Künstlern, die Dominikus sicher gekannt hat. Ein prominentes Beispiel aus dieser Sparte stellt der ab 1741 geplante Nothelferaltar von Vierzehnheiligen bei Bad Staffelstein dar.

Man blickt durch die Rocaillen wie durch ein Fenster. Das von Zimmermann hinterlegte Apsisbild bindet die Figurengruppe in eine Landschaft ein. Das Wasser des Jordan ist dabei zunächst als Malerei zu sehen, findet seine Fortsetzung dann als Stuck zwischen den Figuren und »fließt« bis in den Vordergrund. Der Illusionismus wird jedoch durch das künstliche Weiß der Figuren und die künstlerische Form der Rocaille wieder beschränkt. »Die phantastische Komposition gleicht einem großen Triumphbogen mit Blumengirlanden um die Szene der Taufe ... (Hier sind) so viele Ornamente aufgetürmt, die sich organisch bedingen und die zum Thema des Sprudelnden und Fließenden des Taufwassers aus dem Jordan gehören« (Hugo Schnell). Rocaillen kaschieren dabei den Übergang zwischen Architektur und Bild und verwandeln so den Altar in einen ornamentalen Rahmen. Diese »scheinbare« Architektur stellt das Gegenteil der Scheinarchitekturen dar, die dem Betrachter in den Fresken der Barockkünstler begegnen.

Der über 70-jährige Zimmermann beaufsichtigte auch noch den Umbau der Pfarrkirche St. Ulrich in Eresing, den sein Palier Nicolaus Schütz leitete. Auf Kosten der Pfarrei wurde er aus Landsberg auf die Baustelle gefahren. Während seines Aufenthalts in Eresing – 1756 rund 2 ½ Monate und 1757 noch eine Woche – wohnte er bei dem Pfarrherrn Franz Joseph Zwinck. Auch Schütz, der für die Mauerarbeiten und die Stuckierung im ersten Baujahr 18 Wochen, im zweiten 22 ½ Wochen brauchte, erhielt Kost und Logie im Pfarrhaus. Bei dieser letzten großen Bauaufgabe gelang es dem Architekten, ein jahrhundertealtes Bauwerk ganz im Geiste des Rokoko zu überformen und daraus eine architektonische und gestalterische Einheit zu schaffen. Um in der spätgotischen Kirche einen hohen, hellen Raum zu erhalten, ließ er das Langhaus um 2,75 m aufmauern und in diese Zone fünf große, dreigeteilte Rundbogenfenster – seine bevorzugten sogenannten »Thermenfenster« – setzen. Im Innern entstand auf diese Weise ein prächtiger, reich mit C-Bögen, Rocaillen, Voluten, Gebälkteilen und dem charakteristisch geschweiftem Gesimsband stuckierter Saal, dessen Flachdecke reichlich Platz für die großen Fresken von Franz Martin Kuen (1719–71) bot. Die Einweihung der Kirche sollte erst kurz vor dem Tod des Baumeisters erfolgen.

Zwischen 1755 und 1757 zog Dominikus in das neu erbaute Haus in Wies, das nur ein paar Schritte von der Wallfahrtskirche entfernt lag (heute ein Wirtshaus), und verbrachte in dem Dorf, in dem auch seinem Sohn Franz Dominikus wohnte, das letzte Jahrzehnt seines Lebens. Das Familienhaus in Landsberg ließ er durch seinen ehemaligen Bürgermeisterkollegen Lidl am 22. September 1757 an den Seifensieder Joseph Krumper verkaufen. Drei Wochen später, am 15. Oktober 1757, trat Dominikus der zwei Jahre zuvor gegründeten Bruderschaft zum Gegeißelten Heiland auf der Wies bei. Der jüngere der beiden Künstlerbrüder verschied am 16. November 1766 im Alter von 81 Jahren, versehen mit der letzten Ölung, in Wies. Dies vermerkt das Sterberegister von Steingaden mit folgendem

Eintrag: »Obiit in domum suae aeternitatis requistis sacramentis provisus Dominicus Zimmermann, architectus in Wies.« Auf dem Friedhof der Stiftskirche St. Johannes d. T. in Steingaden erhielt er seine letzte Ruhestätte. Der Standort seines Grabes ist nicht überliefert, doch es erinnert dort heute eine Gedenktafel an ihn, den »Architectus Lucis« – den Baumeister des Lichts.

DAS ENDE DES ORNAMENTSTUCKS

Nach dem Tod der Brüder war die nachfolgende Generation der Stuckateure, zu denen auch ihre beiden noch lebenden Söhne gehörten, mit der neuen Geisteshaltung der Aufklärung und dem aufkommenden Klassizismus, der das Ornament ablehnte, konfrontiert. Bei der zunehmend schlechter werdenden Arbeitssituation entwickelte sich ein umso härterer Konkurrenzkampf.

Franz Dominikus, der in der Vergangenheit viele Bauten mit seinem Vater gemeinsam stuckiert hatte, zog die Konsequenzen aus der schlechten Auftragslage und schuf sich beruflich ein zweites Standbein. Durch seine Verehelichung mit der Witwe Maria Lori, deren Mann 1746 verstorben war, wurde er 1750 in Wies ansässig. Das Paar besaß die Wirts-, Bäckers-, Metzgers- und Krämerskonzession. In seiner alten Profession arbeitete Franz danach offensichtlich nur mehr selten. Er wird noch einmal im Bautrupp von Johann Georg Gigl genannt, der 1760 in der Pfarrkirche von Kirchberg bei St. Gallen einen Stuckmarmoraltar errichtete. In der Hauptsache widmete er sich jedoch wohl der Gastwirtschaft, die er bis zu seinem Tod am 2. März 1786 betrieb.

Johann Baptists Witwe Maria Christina heiratete am 30. Oktober 1758 Franz Xaver Feichtmayr d. J. (1735–1803), den vormaligen Gesellen aus der Werkstatt ihres Mannes. Um die nach dem Tod ihres Gatten frei gewordene Hofstuckateurstelle bewarben sich Johann Michael Merck (1714–84), Feichtmayr und Johann Baptists Sohn Franz. Letzterer erhielt zwar »weillen sein abgeleibter Vatter mit seiner kündigen Profession nicht nur alß Stuccador, sondern auch in der mahlerkunst jedesmahl außnehmende Satisfaction gegeben habe«, also in Anbetracht der Leistungen seines Vaters, den Titel zugesprochen, jedoch wurde Feichtmayr bei den wenigen noch zu vergebenden Aufträgen bevorzugt und war der eigentliche Nachfolger im Stuckmetier am Hofe. Franz dagegen führte nur noch unbedeutende Arbeiten aus. Tragischerweise verunglückte er 1764 bei der Reparatur schadhafter Stuckaturen in der Badenburg im Park von Schloss Nymphenburg schwer. Nach einem Sturz vom Gerüst blieb er gelähmt und starb 20 Jahre später völlig verarmt.

Doch selbst der Rang eines Hofstuckateurs war zu diesem Zeitpunkt nur mehr ein leerer Titel. So musste auch Feichtmayr nach anderen Verdienstmöglichkeiten Ausschau halten. Er betätigte sich als Restaurator älterer Stuckierungen und arbeitete als »Grottenmeister«. 1766 gründete er in München zusammen mit dem Bildhauer Roman Anton Boos und den Malern Thomas Christian Winck und Andreas Seidl eine private Zeichenschule. Kurfürst Max III. Joseph ernannte die Bildungsstätte 1770 zur öffentlichen Kunstschule. Die Einrichtung hatte anfangs ihren Sitz in Feichtmayrs Haus im Hackenviertel und seit 1773 im ehemaligen Jesuitenkolleg. Der Unterricht umfasste Zeichnen und Modellieren nach antiken Gipsabgüssen, später auch nach lebenden Modellen. Als Feichtmayr 1797 bei Hofe erneut ein Gesuch um Stuckaufträge einreichte, wurde es mit der Begründung der »Entbehrlichkeit dieser alternden Arbeiten« abgelehnt. Im gleichen Jahr beantragte er die Kramergerechtigkeit. Sein Plan, eine Handlung mit Spezereien und Ellenwaren (Stoffe u. ä.) vor dem Karlstor zu eröffnen, vereitelte dann der Tod.

Die Sparmaßnahmen des Kurfürsten betrafen trotz aufgeklärter Reformgesinnung zwar weniger den Bereich der Repräsentation, dafür aber umso mehr den intensiv betriebenen Kirchenbau. Am 4. Oktober 1770 bestimmte er durch ein kurfürstliches Mandat, dass bei neu zu errichtenden Landkirchen bestimmte Grundrissnormen einzuhalten seien, jede Willkür verboten und das Anbringen »aller überflüssigen ... ungereimten und lächerlichen Zierrathen« untersagt sei, um »den Altären, Kanzeln und Bildnissen eine der Verehrung des Heiligtums angemessene edle Simplizität« zu verschaffen. Auch für die Profanarchitektur sah man das Stuckornament, da es als Stilmerkmal des Rokoko galt, als veraltet an.

Den Wessobrunnern war damit gewissermaßen die Existenzberechtigung entzogen. Auch wenn es nochmals eine frühklassizistische Bauwelle zwischen 1775 und 1790 gab, sank die Zahl der Stuck-Künstler kontinuierlich. Die »Gesellschaft der Stuccatoren« hatte 1783, im Jahr ihrer Gründung, noch 68 Mitglieder, 1798 waren es nur noch 27.

Im Zuge der Aufklärung gerieten mit der zunehmenden Feindseligkeit gegen die Einrichtungen der Kirche auch die Wallfahrtsstätten unter Druck und die Pilgerscharen schwanden. Nach 1784 wurden die Bruderschaften von offizieller Seite her aufgelöst, Votivbilder verbrannt, Bittgänge verboten und das Prozessionswesen rigoros eingeschränkt. Johann Prezzl, ein radikaler Vertreter der neuen Geisteshaltung, sprach z. B. in seinem 1784 erschienenen Führer »Eine Reise durch den Baierischen Kreis« die Vermutung aus, dass die Wieswallfahrt aufgrund einer verlogenen Inszenierung des Steingadener Abtes zustande gekommen sei und man das Volk damit an der Nase herumgeführt habe. Eine Folge des veränderten Geschmacks war die Zerstörung Zimmermann'scher Werke bereits wenige Jahrzehnte nach ihrer Vollendung. Der Beyhartinger Propst Georg IV. Lachner ließ z. B. 1784 »im Refektorio die schwere Stuckadorarbeit herunterreißen«. Dieses Frühwerk Johann Baptists entsprach nicht mehr dem Stilempfinden des späten 18. Jhs. Wie ein schicksalhaftes Zusammentreffen scheint es da, dass keiner der beiden letzten lebenden Söhne des Maler-Stuckateurs Johann Baptist und des Baumeister-Stuckateurs Dominikus Nachkommen hinterließ, die die Tradition der Zimmermann-Werkstatt hätten weiterführen können. Es hätte für sie auch kaum mehr eine Möglichkeit gegeben, diesen Beruf auszuüben.

So erloschen die Familien der Brüder Zimmermann zu einer Zeit, in der die Dekorationskünste des Rokoko ihre Bedeutung verloren hatten.

Glossar

Akanthus (griech. »Akanthos« = Bärenklau, Distelpflanze): seit dem Altertum als Ornamentform in der Kunst verwendet, v. a. an Säulen und Friesen

Allegorie: Darstellung eines abstrakten Begriffs als Bild oder Figur (z. B. der Reichtum: ein Füllhorn, überquellend mit Schmuck und Speisen)

Antependium: Vorsatztuch oder -blende vor einem Altartisch

Bandwerk: Bänder werden gekreuzt und verflochten, so dass ein Flächenmuster entsteht; die wichtigste Ornamentform in der 1. Hälfte des 18. Jhs., vgl. S. 81

Bildprogramm: inhaltliches Konzept, das einer künstlerischen Gestaltung zugrunde liegt

Chor: der Geistlichkeit vorbehaltener Raum vor dem Hochaltar

Emblem (griech. »emblema« = Eingesetztes): Sinnbild

Enfilade (fr. »enfiler« = aufreihen): in den französischen Schlössern und Palais entwickelte Zimmerflucht, bei der die Türöffnungen exakt gegenüberliegen, so dass der Durchblick bis zum letzten Raum ermöglicht wird

Fresko (it. »fresco« = frisch): Technik der Wand- und Deckenmalerei, bei der die in Wasser gelösten Farbpigmente auf den noch feuchten Putz aufgetragen werden; vgl. S. 23f.

Gesims: waagerecht aus der Mauerflucht hervorspringendes Bauelement zur Gliederung und als Abschluss von Wandflächen

Gewände: Flanken des Portals oder Fensters

Grisaille: Malerei in Graufarben

Groteske: Ornamentform, die sich aus Mischformen und Mischwesen zusammensetzt; oft kombiniert mit Bandwerk

Gurtbogen: Verstärkungsbogen quer zur Längsachse; in der Wandzone entsprechen ihm starke Vorlagen; der Gurtbogen verdeutlicht die Jocheinteilung

Hohlkehle: Abgerundeter Übergang von vertikaler Wand zu horizontalem Plafond

Herme: Pfeilerschaft mit aufgesetztem Kopf und Schultern; in der antiken Kunst ursprünglich ein Kultbild des Götterboten Hermes zur Wegmarkierung

Kämpfer: Zone zwischen Kapitell oder Gebälk und dem Wölbungsansatz

Kapitell: oberer Abschluss von Säule, Pfeiler oder Pilaster

Kalotte: Gewölbeform, die geometrisch als Ausschnitt einer Kugeloberfläche definiert ist

Kartusche (fr. »cartouche« = Behälter, Rolle): Schildförmiger Zierrahmen für Inschriften, Wappen, Bilder u. a.

Kolossalpilaster: Pilaster, die zwei oder mehr Geschosse übergreifen

Lambrequin: Querbehang aus Stoff; oft in Stuck nachgebildet

Maison de plaisance: Lustschloss abseits der Residenz für den privaten Aufenthalt in Einklang mit der Natur, aber mitsamt Gefolge und Dienerschaft

Pa(r)lier (fr. »parler« = sprechen): Bauleiter und Sprecher der übrigen am Bau beschäftigten Handwerker

Paradetreppe: repräsentative Stiege, die dem Empfangszeremoniell dient

Personifikation: Vermenschlichung von abstrakten Inhalten, Naturerscheinungen, Gegenständen (z. B. die Liebe: Frau, die Kinder umarmt)

Pilaster: flache Wandvorlage mit Basis und Kapitell

Plafond: (Flach-)Decke

Putto/Putten: Kinderengel

Ornament (lat. »ornare« = ordnen, schmücken): sich zumeist wiederholendes Schmuck- und Gliederungselement

Ornamentstich: grafisch vervielfältigte Darstellungen von Schmuckformen als Vorlagen für Künstler und Handwerker

Regénce: erste Stilstufe des französischen Rokoko; vgl. S. 35

Retirade (fr. »retirer« = »sich zurückziehen«): Im 18. Jh. Bezeichnung für das Klosett, die Toilette

Rocaille: muschelförmiges Ornament, das der Epoche des Rokoko ihren Namen gab, vgl. S. 49f.

Rollwerk: Ornament mit plastisch gerollten Rändern

Scagliola: Einlegearbeit von Bildern, Schriften u. ä., vgl. S. 70

Spiegelgewölbe: Gewölbe mit ebener Deckfläche

Stuck: ein knetbarer und formbarer Werkstoff aus einem Gemenge von Gips, Kalk und Sand, vgl. S. 12f.

Stuckmarmor: nachgeahmter Marmor aus poliertem farbigem Stuck, der für Wände, Säulen und Altäre verwendet wurde; vgl. S. 67f.

Symbol (griech. »sýmbolon« = Erkennungszeichen): Sinnbild, Merkmal

Tonnengewölbe: Gewölbe mit halbkreis- oder kreissegmentförmigem Querschnitt

Trophäe (griech. »tropaion« = Siegeszeichen): Zeichen des Triumphes

verkröpft: Ein waagerechtes Gesims wird um einen senkrechten Wandvorsprung (Säule, Pfeiler, Pilaster) herumgeführt, so dass eine vorspringende Kante entsteht

Volute: schneckenförmig gerollte Zierform, die senkrechte und waagrechte Bauglieder optisch verbindet

Wandpfeiler: eine mit der Innenwand verbundene Stützkonstruktion

Übersicht zu Leben und Werk
der Brüder Zimmermann

Die Tabelle informiert knapp über die Lebensstationen und Hauptwerke (ohne Gemälde, Zeichnungen) der Brüder Zimmermann, ohne einen Anspruch auf Vollständigkeit zu erheben. Abkürzungen: A = Architektur; St. = Stuck; St.A.= Stuckmarmoraltar/-altäre; Fr. = Fresken; Pfk. = Pfarrkirche; Wk. = Wallfahrtskirche; Klk. = Klosterkirche; Kl. = Kloster; P. = Palais; rek. = rekonstruiert. Zerstörte Werke sind kursiv gesetzt.

	Johann Baptist	**Dominikus**
1680	3.1., Taufe in Gaispoint	
1685		1.7., Taufe in Gaispoint
1701	*Gosseltshausen, Pfk., St.+Fr.*	
1705	28.3., Trauung mit Elisabeth Ostermayr	
1707	Rettenbach, Wk., St./Fr.	
1707/15	In Miesbach ansässig; Geburt von 5 Kindern	
1708		9.1., Heirat mit Theresia Zöpf
1708/09		Fischingen, Wk., St.A.
1708/16		In Füssen ansässig; Geburt von 5 Kindern
1709/13	Buxheim, Kl., Fr.; Klk., St./Fr.	Buxheim, Klk., St./St.A.
vor 1710	*Tegernsee, Kl., St.* *Weyarn, Kl., St.* *Beyharting, Kl., St.*	
1712		Ottobeuren, Klk.,St.A.
1712/14		Biberbach, Pfk., St.A.
1713		Wemding, Pfk., St.A.
1714	Schliersee, Pfk., St./Fr.	
1714/22	Ottobeuren, Kl., St; Klk., St./Fr.	
um 1715	Schloss Maxlrain, St./Fr.	
1715	In Freising ansässig	Birkland, Pfk., St.A. Weißensee, Pfk., St.A.
1715/16	Ottobeuren, Kl., St./Fr.	Ottobeuren, Klk., St.
1716	Freising, Dom St./Fr. Residenz, St./Fr.	

	Johann Baptist	Dominikus
ab 1716		In Landsberg ansässig; Geburt von 7 Kindern 4.12. Hauskauf am Hauptplatz
1716/21		Maria Medingen, Klk., A./St.
1717	Schloss Ismaning, St./Fr.	
vor 1718		Bad Waldsee, St.A.
1718	Bad Waldsee Klk., St./Fr.	
1718/20	Amberg Klk., St.	Landsberg, Rathaus, St.
1718/22	Maria Medingen, Klk., Fr.	
1719		Neresheim, Klk., St.
1719/ca. 22	Ottobeuren, Kl., St.	
1719/24		Landsberg, Ursulinenkl., A.
vor 1720		*Augsburg, Klk., A.*
um 1720		Füssen, Krippk., St.A.
1720/21	Nymphenburg, Schloss Badenburg, St.	
1720/26	Schleißheim, Neues Schloss, St.	
1721	Vilgertshofen, Wk., Fr.	Landsberg, Pfk., St.A.
1721/22		*Würzburg, Klk., St.A.*
1722/23	Bad Wörishofen, Klk., Fr.	Bad Wörishofen, Kl., Klk., St.
1724	Hauskauf am Färbergraben, München, Hofschutz, Benediktbeuern, Kl., St./Fr.	Baiershofen, Pfk., Fr.
1724/25		Schwäbisch-Gmünd, Kl., Klk., A/St.
1724/27	*München, P. Preysing, St. (rek.)*	
1725/29		Sießen, Klk., A./St.
1726	Dietramszell, Klk., St./Fr.	
1726/27	*Schloss Nymphenburg, St.*	
1726/28		Buxheim, Pfk., A/St.
1726/30	*München, Residenz, St.(rek.)*	
1727	Ernennung zum 1. Hof-stuckateur	

	Johann Baptist	Dominikus
1727/33		Steinhausen, Wk., A./St.
1728	Sießen, Klk., Fr.	
1729	Weyarn, Klk., St./Fr.	
1730	Beyharting, Klk., St./Fr.	
1730/31	*Schloss Nymphenburg, St.* *Steinhausen, Wk., Fr.*	
um 1730/35	Schloss Alteglofsheim, St. Schloss Maxlrain, St. Schloss Wallerburg, St.	Buxheim, Kl., St. Landsberg am Lech, Leonhardskap., Fr.
1731	München Pfk. St. Peter, St. (teilw. Rek.)	
1731/33	*München, Residenz, Reiche Zimmer, St. (rek.)* Benediktbeuern, Kl., St./Fr.	
ab 1732		*St. Blasien, Klk., St.*
um 1733	*München, P. Porcia, St.*	Buxheim, Kl., St.
1733/34	Landshut-Seligenthal, Klk., St./Fr.	
1734	Hauskauf am Rindermarkt in München	Ratsmitglied, Leprosen- pfleger
1734/37	Schloss Nymphenburg, Amalienburg, St.	
ab 1736		Günzburg, Pfk., A./St.
1737	München, P. Holnstein, St.	
1737/38	*München, Klarissen-Klk. St. Jakob, St./Fr.*	
1738	Schloss Hohenaschau, St./A.	Buxheim, Pfk., A./St./ St.A.
um 1738	*Ingolstadt, Klk., St./Fr.*	
1738/40	Prien am Chiemsee, Pfk., St./Fr.	
1739/41	*München, Pittrich-Klk., St./Fr.*	Pöring, Schlossk., A./Fr.
ab 1741	Dietramszell, Pfk., St./Fr.	Landsberg, Johannesk., A./St.A./Fr.
1743/44	München, Berg am Laim, St. Michael, St./Fr.	
1744/57		Wies Wk.+ Priesterhaus, A./St./St.A.

	Johann Baptist	**Dominikus**
1746	*München, Residenz, St.,* 20.4. Verkauf des Hauses am Rindermarkt, München	
ab 1747		Speinshart, Klk., Wiesk., A.
1748	Grafing, Pfk., St./Fr.	Schongau, Pfk., St.
1749	Wieskirche, Chorfresken	Bürgermeister (bis 1753)
1749/52	Landshut, Dominikanerk., St./Fr.	
1750/54		Landsberg, Johannesk., A./St./Fr.
1750/56	*München, Törring-Palais, St.*	
1751/54	Andechs, Benediktinerkl., St./Fr.	
1752		4.6., Tod der Ehefrau Theresia
1752/54	Wemding, Wk., St./Fr.	
1753	*München, Altes Residenz-theater, Fr./St.(?)*	
1753/54	Wieskirche, Hauptraum, Fr. *München, Pfk. St. Peter,* St./Fr.	
um 1754		Wies, Wohnhaus, A./St.
1754/56	Schäftlarn, Klk., St./Fr.	
um 1755		Umzug nach Wies
1755/57	Schloss Nymphenburg, St./Fr.	Eresing, Pfarrhof, Pfk., A./St.
1756	9.7., Tod der Ehefrau Elisabeth; 11.11., Heirat von Maria Chr. Mansrieder München-Harlaching, Wk., St./Fr. Neustift, Klk., Fr.	
1757		22.9., Verkauf des Landsberger Hauses
1758	26.2. Tod, 2.3. Bestattung in St. Peter, München	
1766		16.11., Tod in Wies

Literatur

Altmann, Lothar: St. Peter, München (Schnell, Kunstführer 604), Regensburg 2015. – Ders.: Stadtpfarrkirche und Johanneskirche Landsberg (Schnell, Kunstführer 88), Regensburg 2008.

Bader, Herbert / Weisshaar-Kiem, Heide: Dominikus Zimmermann und die Pfarrkirche St. Ulrich in Eresing, in: Dominikus Zimmermann zum 250. Todesstag (Landsberger Geschichtsblätter 114), Landsberg am Lech 2016, S. 141–148.

Beard, Geoffrey: Stuck. Die Entwicklung plastischer Dekoration. Edition Atlantis, Zürich 1988.

Bauer, Hermann / Bauer, Anna: Johann Baptist und Dominikus Zimmermann. Entstehung und Vollendung des bayerischen Rokoko. Fotogr. Aufn.: Wolf-Christian von der Mülbe, Regensburg 1985. – Ders. / Sedlmayr, Hans: Rokoko. Struktur und Wesen einer europäischen Epoche, Köln 1992. – Ders.: Barocke Deckenmalerei in Süddeutschland, München und Berlin 2000.

Beck, Otto / Notz, Paul: Wallfahrtskirche Steinhausen (Schnell, Kunstführer Nr. 203), Regensburg 2014.

Brinkmöller-Gandlau, Harriet: Zimmermann, Dominikus. In: Biographisch-Bibliographisches Kirchenlexikon. Band 14, Bautz, Herzberg 1998, Sp. 489–492.

Büttner, Frank u. a. (Hg.): Barock und Rokoko (Geschichte der Bildenden Kunst in Deutschland 5), München u. a. 2008. – Ders: Das Wunder des weinenden Heilandes. Die Wallfahrtskirche »Die Wies« – ein einzigartiges Juwel des Rokoko, in: aviso extra. Welterbestätten in Bayern (Hg. Bayerisches Staatsministerium für Wissenschaft, Forschung und Kunst) München, 2013, S. 30–39.

Corpus der barocken Deckenmalerei in Deutschland, begr. von Hermann Bauer und Bernhard Rupprecht, fortgef. von Frank Büttner: Bd. 1 Die Landkreise Landsberg am Lech, Starnberg, Weilheim-Schongau, München 1976; Bd. 2. Die Landkreise Bad Tölz, Wolfratshausen, Garmisch-Partenkirchen, Miesbach, München 1981; Bd. 3,1 Stadt und Landkreis München 1, Sakralbauten, München 1987; Bd. 3,2. Stadt und Landkreis München 2, Profanbauten, München 1989.

Fees-Buchecker, Werner: Dominikus Zimmermann zum 250. Todestag. Zur Einführung, in: Landsberger Geschichtsblätter (Hg. Historischer Verein für Stadt und Kreis Landsberg a. Lech.) 114. Jg., Landsberg, L. 2016, S. 127–128.

Fellner, Gottfried (Hg.): Die Wieskirche. Wallfahrt zum gegeißelten Heiland. Texte: Hans (sen), Mechthild und Johann Pörnbacher, Fotografien: Wilfried Bahnmüller, Regensburg 2016.

Gebhardt, Volker: Meisterwerke des kirchlichen Rokoko – Johann Michael Fischer und die Brüder Zimmermann, in: Das Deutsche in der deutschen Kunst, Köln 2004, S. 395–410.

Gerster, Matthäus: Unsere Liebe Frau zu Steinhausen. Roman um einen Kirchenbau, Stuttgart 1948.

Diederen, Roger / Kürzeder, Christoph: Mit Leib und Seele. Münchner Rokoko von Asam bis Günther, Freising 2014.

Finkenstaedt, Thomas und Helene: Die Wieswallfahrt. Ursprung und Ausstrahlung der Wallfahrt zum Gegeißelten Heiland, Regensburg 1981.

Götz, Roland: Zur Geschichte von Johann Baptist Zimmermanns Altarbild der Heiligen Heinrich und Kunigunde aus der Klosterkirche Tegernsee, in: Jahrbuch des Vereins für Christliche Kunst in München, Lindenberg, 1912, S. 199–207.

Grove, Petra: Johann Baptist Zimmermann als Stukkator in Michelfeld, in: Jahrbuch der bayerischen Denkmalpflege, hrsg. v. BLfD, München/Berlin, 42. 1988 (1993), S. 144–158.

Häfner, Klaus: Johann Baptist Zimmermann in der Wieskirche – Gitterung und Lichtquelle, in: Barockberichte 34/35, Salzburg 2004, S. 427–434.

Hahn, Irmengard: Die Fresken des Johann Baptist Zimmermann in Landshut. Eine ikonographische Studie, in: Mit Kalkül & Leidenschaft, Bd. 1 (Schriften aus den Museen der Stadt Landshut 17.1), Landshut 2003, S. 181–201.

Hahn, Sylvia: Johann Baptist Zimmermann in Freising, in: Freising – München. (Diözesanmuseum Freising, Kataloge und Schriften 12), Freising 1994, S. 275–281.

Harries, Karsten: Die bayerische Rokokokirche. Das Irrationale und das Sakrale, Dorfen 2009.

Hartig, Michael: Die Wallfahrtskirche Wies. O. O. o. J. (Schongau 1929).

Hofmann, Sigfrid: Die Brüder Zimmermann. Fotos: Max Baur (Kleine Pannonia-Reihe. Bd. 30) Freilassing 1977.

Hojer, Gerhard: Die Amalienburg. Rokokojuwel im Nymphenburger Schloßpark, München/Zürich 1986. – Ders./Schmid, Elmar D. / Schuster, Rainer: Nymphenburg. Schloss, Park und Burgen. Amtlicher Führer, München 1999.

Holler, Wolfgang: »Die Verherrlichung Mariens auf dem Heiligen Berg in Andechs«. Deutung und Neuzuschreibung einer Zeichnung von Johann Baptist Zimmermann, in: Festschrift zum 80. Geburtstag von Annaliese Mayer-Meintschel, hrsg. von Uta Neidhardt u. a. für die Staatlichen Kunstsammlungen Dresden, Dresden, 2008, S. 50–61.

Jocher, Norbert: »Eine Kirche bauen ist so viel, wie einen neuen Himmel erstellen«. Überlegungen zur Ikonologie bayerischer Rokokokirchen, in: Diederen/Kürzeder 2014, S. 111–123.

Kürzeder, Christoph: Wetterläuten in Freising und Mr. Burneys Todesangst. Phänomene der Frömmigkeit im Rokoko, in: Diederen/Kürzeder 2014, S. 211–219.

Knedlik, Manfred: Aufklärung in München. Schlaglichter einer Aufbruchszeit, Regensburg 2015.

Kupferschmied, T. J.: Der Freskant Johann Martin Heigl, Arbeiten für Johann Baptist Zimmermann und selbständige Werke, München 1989.

Lampl, Sixtus: Dominikus Zimmermann wie ihn kaum jemand kennt, München/Zürich 1987. – Ders.:Johann Baptist Zimmermann (1680–1758). Wegbereiter des bayerischen Rokoko. Valley 2008.

Lindl-Schmelz, Hedwig: Johann Baptist Zimmermann – Hofstukkator und Freskant. Sein Weg von Gaispoint nach Nymphenburg, in: Schindler, 1989, S. 40–50.

Miller, Arthur Maximilian: Die Wies – Dominicus Zimmermanns Wallfahrtskirche »auf der Wies« bei Steingaden, hrsg. u. Nachwort v. Helmut Schmidbauer Wallfahrtsmuseum Wieskirche, Lindenberg 2017.

Morsbach, Peter: Die Brüder Asam. Vom Leben im Theater der Kunst, Regensburg 2011.

Münzer, Klaus: Dominikus Zimmermann und Landsberg, in: Dominikus Zimmermann zum 250. Todestag (Landsberger Geschichtsblätter 114), Landsberg 2016, S. 129–140.

Paula, Georg: Maler und Freskanten der Barockzeit im Dienste der bayerisch schwäbischen Klöster. Schwerpunkte und Zusammenhänge, in: Klosterland Bayerisch Schwaben, hrsg. v. Werner Schiedermair, Lindenberg 2008, S. 81–90.

Pörnbacher, Karl: Buxheim. Kartause und Pfarrkirche, Lindenberg 2009.

Pfennigmann, Josef: »Wie viel wunderthätige Kirchfahrten ...« Volksfrömmigkeit und Aufklärung in Altbayern, in: Schindler 1989, S. 123–146.

Pies, Eike: Löhne und Preise von 1300 bis 2000. Wuppertal 2008.

Pracher, Georg: Die Apsisgestaltung der Gebrüder Zimmermann, in: Das Neumünster zu Würzburg, hrsg. v. Jürgen Emmert u. Jürgen Lenssen, Regensburg, 2009, S. 135–141.

Pursche, Jürgen (Hg.): Stuck des 17. und 18. Jhs. Geschichte – Technik – Erhaltung, Berlin 2010.

Richter, Gisela: Johann Baptist Zimmermann als Freskant. Das Frühwerk (Tuduv-Studien / Reihe Kunstgeschichte 6), München 1984.

Riedl, Christine: Johann Adam Schöpf (1702–1772). Maler in Bayern, Böhmen und Kurköln. Leben und Werk, in: Jahresbericht des Historischen Vereins für Straubing und Umgebung 93, Straubing 1992, S. 123–372. – Dies.: Die Freskendekoration der Stiftskirche St. Johann durch den Münchner Hofmaler Johann Nepomuk Schöpf im Jahr 1768, in: St. Johann in Regensburg (Bischöfliches Zentralarchiv Regensburg, Kataloge und Schriften 5, hrsg. von Paul Mai) München/Zürich 1990, S. 242–252.

Riedl-Valder, Christine: Ein Stadtamhofer Rokokomaler – Zum 300. Geburtstag von Johann Adam Schöpf (1702–1772), in: Regensburger Almanach 36, Regensburg 2002, S. 88–94. – Dies.: »Welche Einöde würde Regenspurg seyn, wenn die sämmtlichen Gesandtschaften aus der Stadt weg wären«: das Kunstschaffen in Regensburg unter dem

Einfluss des Immerwährenden Reichstags, in: Regensburg zur Zeit des Immerwährenden Reichstags, hrsg. von Klemens Unger, Peter Styra, Wolfgang Neiser, Regensburg, 2013, S. 131–143.

Rupprecht, Bernhard: Die bayerische Rokokokirche, Kallmünz 1959.

Schatz, Uwe Gerd: Zur Ikonographie der Fresken Johann Baptist Zimmermanns sowie der Leinwandbilder Johann Georg Bergmüllers und Johann Friedrich (II) Sichelbeins in der ehem. Kartäuserklosterkirche Maria Saal in Buxheim, in: Das Buxheimer Chorgestühl (Red.: Susanne Böning-Weis u. a.), München 1994, S. 71–92.

Schindler, Herbert: Dominikus Zimmermann – der Vollender des kirchlichen Rokoko in Bayern, München 1966. – Ders. (Hg.): Bayern im Rokoko. Aspekte einer Epoche im Umbruch, München 1989. – Ders.: Die »Genialische Schule« des Rokoko. Vom Wesen eines scheinbar vordergründigen Stils, in: Schindler 1989, S. 7–15.

Schnell, Hugo / Schedler, Uta: Lexikon der Wessobrunner Künstler und Handwerker. Schnell und Steiner, München/ Zürich 1988.

Seufert, Ingo: Johann Jakob Herkomer (1652–1717), Lindenberg 2009.

Thon, Christina: Johann Baptist Zimmermann als Stukkator. München/ Zürich 1977.

Urban, Wolfgang: Barockkirche Steinhausen. Bedeutungsfülle von Architektur und Kunst. Lindenberg 2015.

Vits, Gisela (Hg.): Das Preysing-Palais. Joseph Effners spätbarockes Meisterwerk in München, München 1998.

Weißhaar-Kiem, Heide: Stadt und Landkreis Landsberg am Lech. Kunstschätze in der Region, Regensburg 2007. – Dies.: Rathaus Landsberg am Lech (Schnell, Kunstführer Nr. 1954), München/ Zürich 1991. – Dies.: Dominikus Zimmermann (1685–1766). Baumeister und Stukkator in Stadt und Landkreis Landsberg am Lech; Landsberg 2016.

Weppelmann, Franz Josef (Hg.): Beyharting im Landkreis Rosenheim. Beiträge zur Geschichte des ehemaligen Augustiner-Chorherren-Stiftes und seiner Kirche, Weißenhorn 2005.

Wittmann, Herbert: Die Stuckmarmorarbeiten Joseph Fischers, in: 1200 Jahre St. Mang in Füssen. 750–2000. Festschrift (Jahrbuch des Historischen Vereins »Alt Füssen« 1999), Kempten 1999, S. 247–271.

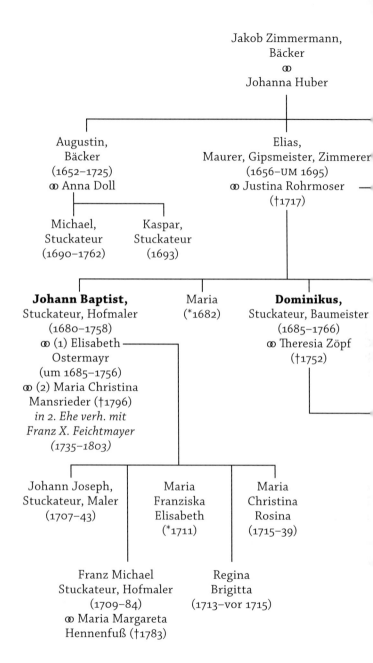

Jakob Zimmermann,
Bäcker
∞
Johanna Huber

Augustin,
Bäcker
(1652–1725)
∞ Anna Doll

Elias,
Maurer, Gipsmeister, Zimmerer
(1656–UM 1695)
∞ Justina Rohrmoser
(†1717)

Michael,
Stuckateur
(1690–1762)

Kaspar,
Stuckateur
(1693)

Johann Baptist,
Stuckateur, Hofmaler
(1680–1758)
∞ (1) Elisabeth
Ostermayr
(um 1685–1756)
∞ (2) Maria Christina
Mansrieder (†1796)
*in 2. Ehe verh. mit
Franz X. Feichtmayer
(1735–1803)*

Maria
(*1682)

Dominikus,
Stuckateur, Baumeister
(1685–1766)
∞ Theresia Zöpf
(†1752)

Johann Joseph,
Stuckateur, Maler
(1707–43)

Maria
Franziska
Elisabeth
(*1711)

Maria
Christina
Rosina
(1715–39)

Franz Michael
Stuckateur, Hofmaler
(1709–84)
∞ Maria Margareta
Hennenfuß (†1783)

Regina
Brigitta
(1713–vor 1715)

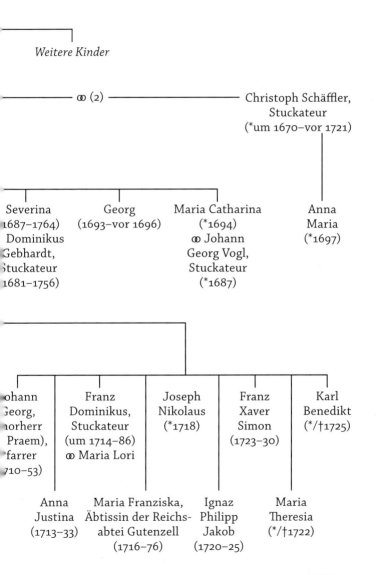

Weitere Kinder

⚭ (2) ──────── Christoph Schäffler,
Stuckateur
(*um 1670–vor 1721)

| Severina (1687–1764) ⚭ Dominikus Gebhardt, Stuckateur (1681–1756) | Georg (1693–vor 1696) | Maria Catharina (*1694) ⚭ Johann Georg Vogl, Stuckateur (*1687) | Anna Maria (*1697) |

Johann Georg, Chorherr (Praem), Pfarrer (1710–53)

Franz Dominikus, Stuckateur (um 1714–86) ⚭ Maria Lori

Joseph Nikolaus (*1718)

Franz Xaver Simon (1723–30)

Karl Benedikt (*/†1725)

Anna Justina (1713–33)

Maria Franziska, Äbtissin der Reichs- abtei Gutenzell (1716–76)

Ignaz Philipp Jakob (1720–25)

Maria Theresia (*/†1722)

Bildnachweis

Wolf-Christian von der Mülbe: 21, 27, 31, 35, 38, 58, 63, 69, 73, 96, 97, 108, 121, 135, 142
Fotolia.de: 105, 124, 128
https://commons.wikimedia.org: 32 und 34 (Rufus46, CC BY-SA 3.0), 54 und 80 (GFreihalter, CC BY-SA 3.0), 84 (Zairon, CC BY-SA 4.0)
Nach: Hermann und Anna Bauer, Wolf-Christian von der Mülbe: Johann Baptist und Dominikus Zimmermann. Regensburg 1985: 83, 85, 101
Städitisches Museum Weilheim: 131
Städtische Kunstsammlungen Augsburg: 138

Umschlagmotive: vorne: Deckenfresko Wieskirche (Wolf-Christian von der Mülbe); hinten: Außenansicht der Wieskirche (Fotolia.de | Magann)

Bibliografische Information der Deutschen Nationalbibliothek
Die Deutsche Nationalbibliothek verzeichnet diese Publikation in der Deutschen Nationalbibliografie; detaillierte bibliografische Daten sind im Internet über http://dnb.dnb.de abrufbar.

ISBN 978-3-7917-2928-2
© 2017 by Verlag Friedrich Pustet, Regensburg
Reihen-/Umschlaggestaltung und Layout: Martin Veicht, Regensburg
Satz: Vollnhals Fotosatz, Neustadt a. d. Donau
Druck und Bindung: Friedrich Pustet, Regensburg
Printed in Germany 2017

Diese Publikation ist auch als eBook erhältlich:
eISBN 978-3-7917-6119-0 (epub)

Weitere Publikationen aus unserem Programm finden Sie auf www.verlag-pustet.de
Informationen und Bestellungen unter verlag@pustet.de